Première de couverture: © Benjamin Renout/Agence Enguerand.
Deuxième de couverture: [h] © Studio Lipnitzki/Roger-Viollet; [b] ©Brigitte Enguerand.
Troisième de couverture: © Benjamin Renout/Agence Enguerand.
Page 79: © Édouard Boubat/Rapho.

Première de couverture: mise en scène d'Alain Timar avec Odile Grosset Grange et Lisa Pajon, au théâtre des Halles-Festival d'Avignon (2006).
Deuxième de couverture: [h] mise en scène de Louis Jouvet avec Yvette Etiévant, Yolande Laffon et Monique Mélinand, au théâtre de l'Athénée (1947); [b] mise en scène de Philippe Adrien avec Catherine Hiégel, Dominique Constanza et Jeanne Balibar, au théâtre du Vieux Colombier (1995).
Troisième de couverture: mise en scène d'Alain Timar avec Odile Grosset Grange et Lisa Pajon, au théâtre des Halles-Festival d'Avignon (2006).

© Éditions Gallimard, 2001 pour le texte.
© Éditions Belin/Éditions Gallimard, 2010 pour l'introduction, les notes et le dossier pédagogique. Édition augmentée en 2012.

Le code de la propriété intellectuelle n'autorise que «les copies ou reproductions strictement réservées à l'usage privé du copiste et non destinées à une utilisation collective» [article L. 122-5]; il autorise également les courtes citations effectuées dans un but d'exemple ou d'illustration. En revanche «toute représentation ou reproduction intégrale ou partielle, sans le consentement de l'auteur ou de ses ayants droit ou ayants cause, est illicite» [article L. 122-4].
La loi 95-4 du 3 janvier 1994 a confié au C.F.C. (Centre français de l'exploitation du droit de copie, 20, rue des Grands-Augustins, 75006 Paris), l'exclusivité de la gestion du droit de reprographie. Toute photocopie d'œuvres protégées, exécutée sans son accord préalable, constitue une contrefaçon sanctionnée par les articles 425 et suivants du Code pénal.

ISBN 978-2-7011-5450-3
ISSN 2104-9610

CLASSICOLYCÉE

Les Bonnes

JEAN GENET

Dossier par Justine Francioli
Agrégée de lettres modernes

BELIN ■ GALLIMARD

Sommaire

Pour entrer dans l'œuvre — 6

Comment jouer *Les Bonnes* — 9

Lignes 1 à 648 — 13
Arrêt sur lecture 1 — 38

Lignes 649 à 972 — 43
Arrêt sur lecture 2 — 56

Lignes 973 à 1285 — 61
Arrêt sur lecture 3 — 73

Le tour de l'œuvre en 8 fiches

Fiche 1. Jean Genet en 20 dates — 79
Fiche 2. L'œuvre dans son contexte — 80
Fiche 3. La structure de l'œuvre — 81
Fiche 4. Les grands thèmes de l'œuvre — 83
Fiche 5. Le texte théâtral et sa représentation — 85
Fiche 6. *Les Bonnes*, une tragédie ? — 87
Fiche 7. Le Nouveau théâtre — 89
Fiche 8. Citations — 91

Groupements de textes

Groupement 1. Maîtres et serviteurs au théâtre — 93
Groupement 2. Changements d'identité au théâtre — 105
Questions sur les groupements de textes — 114

Vers l'écrit du Bac

Corpus. Le théâtre dans le théâtre — 115
Questions sur le corpus et travaux d'écriture — 123

Fenêtres sur...   125

Des ouvrages à lire, des films à voir
et des sites Internet à consulter

Glossaire   127

Pour entrer dans l'œuvre

Le 19 avril 1947, lorsque le rideau se lève et révèle la chambre de Madame, à l'Athénée, un théâtre parisien dirigé par Louis Jouvet, c'est la première fois qu'une œuvre de Jean Genet affronte directement le public et la critique. En effet, Jean Genet est alors un auteur peu connu. *Les Bonnes* ne sont pas sa première œuvre, mais les précédentes, publiées chez des éditeurs peu renommés, n'ont pas bénéficié d'une large diffusion auprès du public. *Les Bonnes* ne sont pas non plus la première pièce de théâtre qu'il ait rédigée, mais il s'agit de sa première pièce jouée.

La création de la pièce suscite bien le «malaise» que Genet évoque dans «Comment jouer *Les Bonnes*» (voir p. 9-12). Dans la salle, peu ou pas d'applaudissements. Les critiques vont de l'expression d'un déplaisir, d'une gêne, à celle d'une franche hostilité, certains parlant même de «fumier» dans un «fleuve de boue».

À ce malaise, plusieurs explications peuvent être données. D'abord, c'est une pièce violente et troublante: les personnages, travestis, ne sont pas ce qu'ils paraissent; les bonnes sont virulentes, presque sauvages; il est question de meurtre. D'ailleurs, même si Genet en récusait l'influence, les contemporains ont pensé à un fait divers qui avait eu lieu en 1933 : deux domestiques, les sœurs Papin, avaient sauvagement tué leur patronne et sa fille. De plus, le style de jeu des comédiennes de cette première mise en scène est lui-même rude, brusque, sans douceur, ce qui contraste avec leur jeunesse et leur beauté. Les reproches d'immoralité, mais aussi d'artificialité et d'invraisemblance, s'expliquent donc à la fois par les thèmes de la pièce et par sa mise en scène.

Le contexte de la représentation peut aussi expliquer le malaise suscité. Le même soir, dans la même salle, après la pièce de Jean Genet, une autre pièce est jouée, *L'Apollon de Marsac* de Jean Giraudoux. Cet auteur au style à la fois élégant et satirique, dont la notoriété est déjà acquise, plaît davantage. Il est probable que cette association ait desservi Genet en même temps qu'elle a attiré un nombre de spectateurs inespéré pour un auteur inconnu. Quelques journalistes apportent néanmoins leur soutien à la pièce. Les nombreux articles qu'elle suscite, une cinquantaine, alors que Genet est peu connu, en font un événement théâtral. Aujourd'hui, *Les Bonnes* sont la pièce de Genet la plus jouée en France et dans le monde.

Comment jouer *Les Bonnes*[1]

Furtif[2]. C'est le mot qui s'impose d'abord. Le jeu théâtral des deux actrices figurant les deux bonnes doit être furtif. Ce n'est pas que des fenêtres ouvertes ou des cloisons trop minces laisseraient les voisins entendre des mots qu'on ne prononce que dans une alcôve[3], ce n'est pas non plus ce qu'il y a d'inavouable dans leurs propos qui exige ce jeu, révélant une psychologie perturbée : le jeu sera furtif afin qu'une phraséologie[4] trop pesante s'allège et passe la rampe[5]. Les actrices retiendront donc leurs gestes, chacun étant comme suspendu, ou cassé. Chaque geste suspendra les actrices. Il serait bien qu'à certains moments elles marchent sur la pointe des pieds, après avoir enlevé un ou les deux souliers qu'elles porteront à la main, avec précaution, qu'elles le posent sur un meuble sans rien cogner – non pour ne pas être entendues des voisins d'en dessous, mais parce que ce geste est dans le ton. Quelquefois, les voix aussi seront comme suspendues et cassées.

Ces deux bonnes ne sont pas des garces : elles ont vieilli, elles ont maigri dans la douceur de Madame. Il ne faut pas qu'elles soient jolies, que leur beauté soit donnée aux spectateurs dès le lever du rideau, mais il faut que tout au long de la soirée on les voie embellir jusqu'à la dernière seconde. Leur visage, au début, est donc marqué de rides aussi subtiles que les gestes ou qu'un de leurs cheveux. Elles n'ont ni cul ni seins provocants : elles pourraient enseigner la piété

---

1. Ce texte ne date pas de la première version des *Bonnes* de 1947. Il accompagne la pièce depuis l'édition de 1963.
2. Furtif : qui se fait à la dérobée, discret.
3. Alcôve : renfoncement où l'on peut mettre un lit.
4. Phraséologie : discours pompeux.
5. Passe la rampe : atteigne le public. La rampe est la rangée de lumières sur le bord de la scène.

dans une institution chrétienne. Leur œil est pur, très pur, puisque tous les soirs elles se masturbent et déchargent en vrac, l'une dans l'autre, leur haine de Madame. Elles toucheront aux objets du décor comme on feint de croire qu'une jeune fille cueille une branche fleurie. Leur teint est pâle, plein de charme. Elles sont donc fanées, mais avec élégance ! Elles n'ont pas pourri.

Pourtant, il faudra bien que de la pourriture apparaisse : moins quand elles crachent leur rage que dans leurs accès de tendresse.

Les actrices ne doivent pas monter sur la scène avec leur érotisme naturel, imiter les dames de cinéma. L'érotisme individuel, au théâtre, ravale[1] la représentation. Les actrices sont donc priées, comme disent les Grecs, de ne pas poser leur con[2] sur la table.

Je n'ai pas besoin d'insister sur les passages «joués» et les passages sincères : on saura les repérer, au besoin les inventer.

Quant aux passages soi-disant «poétiques», ils seront dits comme une évidence, comme lorsqu'un chauffeur de taxi parisien invente sur-le-champ une métaphore argotique[3] : elle va de soi. Elle s'énonce comme le résultat d'une opération mathématique : sans chaleur particulière. La dire même un peu plus froidement que le reste.

L'unité du récit naîtra non de la monotonie du jeu, mais d'une harmonie entre les parties très diverses, très diversement jouées. Peut-être le metteur en scène devra-t-il laisser apparaître ce qui était en moi alors que j'écrivais la pièce, ou qui me manquait si fort : une certaine bonhomie[4], car il s'agit d'un conte.

«Madame», il ne faut pas l'outrer dans la caricature. Elle ne sait pas jusqu'à quel point elle est bête, à quel point elle joue un rôle, mais quelle actrice le sait davantage, même quand elle se torche le cul?

Ces dames – les Bonnes et Madame – déconnent? Comme moi chaque matin devant la glace quand je me rase, ou la nuit quand je m'emmerde, ou dans un bois quand je me crois seul : c'est un conte,

---

1. **Ravale** : rabaisse, dégrade.
2. **Con** (vulgaire) : sexe de la femme.
3. **Argotique** : appartenant au langage populaire.
4. **Bonhomie** : bonté, simplicité.

c'est-à-dire une forme de récit allégorique[1] qui avait peut-être pour premier but, quand je l'écrivais, de me dégoûter de moi-même en indiquant et en refusant d'indiquer qui j'étais, le but second d'établir une espèce de malaise dans la salle... Un conte... Il faut à la fois y croire et refuser d'y croire, mais afin qu'on y puisse croire il faut que les actrices ne jouent pas selon un mode réaliste.

Sacrées ou non, ces bonnes sont des monstres, comme nous-mêmes quand nous nous rêvons ceci ou cela. Sans pouvoir dire au juste ce qu'est le théâtre, je sais ce que je lui refuse d'être : la description de gestes quotidiens vus de l'extérieur : je vais au théâtre afin de me voir, sur la scène (restitué en un seul personnage ou à l'aide d'un personnage multiple et sous forme de conte) tel que je ne saurais – ou n'oserais – me voir ou me rêver, et tel pourtant que je me sais être. Les comédiens ont donc pour fonction d'endosser des gestes et des accoutrements[2] qui leur permettront de me montrer à moi-même, et de me montrer nu, dans la solitude et son allégresse[3].

Une chose doit être écrite : il ne s'agit pas d'un plaidoyer[4] sur le sort des domestiques. Je suppose qu'il existe un syndicat des gens de maison – cela ne nous regarde pas.

Lors de la création de cette pièce, un critique théâtral faisait la remarque que les bonnes véritables ne parlent pas comme celles de ma pièce : qu'en savez-vous ? Je prétends le contraire, car si j'étais bonne je parlerais comme elles. Certains soirs.

Car les Bonnes ne parlent ainsi que certains soirs : il faut les surprendre, soit dans leur solitude, soit dans celle de chacun de nous.

Le décor des *Bonnes*. Il s'agit, simplement, de la chambre à coucher d'une dame un peu cocotte[5] et un peu bourgeoise. Si la

---

1. Allégorique : symbolique, qui contient un sens caché.
2. Accoutrements : habits ridicules.
3. Allégresse : très vive joie.
4. Plaidoyer : discours ou écrit de défense de quelqu'un ou de quelque chose.
5. Cocotte (péjoratif) : femme légère entretenue par ses amants.

pièce est représentée en France, le lit sera capitonné[1] – elle a tout de même des domestiques – mais discrètement. Si la pièce est jouée en Espagne, en Scandinavie, en Russie, la chambre doit varier. Les robes, pourtant, seront extravagantes, ne relevant d'aucune mode, d'aucune époque. Il est possible que les deux bonnes déforment, monstrueusement, pour leur jeu, les robes de Madame, en ajoutant de fausses traînes, de faux jabots[2], les fleurs seront des fleurs réelles, le lit un vrai lit. Le metteur en scène doit comprendre, car je ne peux tout de même pas tout expliquer, pourquoi la chambre doit être la copie à peu près exacte d'une chambre féminine, les fleurs vraies, mais les robes monstrueuses et le jeu des actrices un peu titubant.

Et si l'on veut représenter cette pièce à Épidaure[3] ? Il suffirait qu'avant le début de la pièce les trois actrices viennent sur la scène et se mettent d'accord, sous les yeux des spectateurs, sur les recoins auxquels elles donneront les noms de : lit, fenêtre, penderie, porte, coiffeuse, etc. Puis qu'elles disparaissent, pour réapparaître ensuite selon l'ordre assigné par l'auteur.

---

1. **Capitonné** : rembourré (signe de richesse).
2. **Jabots** : ornements de tissu bouffant fixés au col d'une chemise.
3. Ville grecque célèbre pour son théâtre antique très bien conservé dans lequel, encore aujourd'hui, sont données des représentations théâtrales.

Les Bonnes[1]

La chambre de Madame. Meubles Louis XV. Au fond, une fenêtre ouverte sur la façade de l'immeuble en face. À droite, le lit. À gauche, une porte et une commode. Des fleurs à profusion. C'est le soir. L'actrice qui joue Solange est vêtue d'une petite robe noire de domestique. Sur une chaise, une autre petite robe noire, des bas de fil noirs, une paire de souliers noirs à talons plats.

CLAIRE, *debout, en combinaison[2], tournant le dos à la coiffeuse[3]. Son geste – le bras tendu – et le ton seront d'un tragique exaspéré.* – Et ces gants ! Ces éternels gants ! Je t'ai dit souvent de les laisser à la cuisine. C'est avec ça, sans doute, que tu espères séduire le laitier. Non, non, ne mens pas, c'est inutile. Pends-les au-dessus de l'évier. Quand comprendras-tu que cette chambre ne doit pas être souillée ? Tout, mais tout ! ce qui vient de la cuisine est crachat. Sors. Et remporte tes crachats ! Mais cesse !

Pendant cette tirade, Solange jouait avec une paire de gants de caoutchouc, observant ses mains gantées, tantôt en bouquet, tantôt en éventail.

Ne te gêne pas, fais ta biche. Et surtout ne te presse pas, nous avons le temps. Sors !

Solange change soudain d'attitude et sort humblement, tenant du bout des doigts les gants de caoutchouc. Claire s'assied à la coiffeuse. Elle respire les fleurs, caresse les objets de toilette, brosse ses cheveux, arrange son visage.

---
1. Depuis sa création en 1947 jusqu'en 1968, Genet a plusieurs fois modifié le texte de la pièce. Il s'agit ici de la version définitive.
2. Combinaison : sous-vêtement féminin léger.
3. Coiffeuse : meuble à tiroirs, surmonté d'une glace.

Préparez ma robe. Vite le temps presse. Vous n'êtes pas là ? *(Elle se retourne.)* Claire ! Claire !

Entre Solange.

SOLANGE. – Que Madame m'excuse, je préparais le tilleul *(Elle prononce tillol.)* de Madame.

CLAIRE. – Disposez mes toilettes[1]. La robe blanche pailletée. L'éventail, les émeraudes.

SOLANGE. – Tous les bijoux de Madame ?

CLAIRE. – Sortez-les. Je veux choisir. *(Avec beaucoup d'hypocrisie.)* Et naturellement les souliers vernis. Ceux que vous convoitez depuis des années.

Solange prend dans l'armoire quelques écrins[2] qu'elle ouvre et dispose sur le lit.

Pour votre noce sans doute. Avouez qu'il vous a séduite ! Que vous êtes grosse[3] ! Avouez-le !

Solange s'accroupit sur le tapis et, crachant dessus, cire des escarpins vernis.

Je vous ai dit, Claire, d'éviter les crachats. Qu'ils dorment en vous, ma fille, qu'ils y croupissent. Ah ! ah ! vous êtes hideuse, ma belle. Penchez-vous davantage et vous regardez dans mes souliers. *(Elle tend son pied que Solange examine.)* Pensez-vous qu'il me soit agréable de me savoir le pied enveloppé par les voiles de votre salive ? Par la brume de vos marécages ?

SOLANGE, *à genoux et très humble*. – Je désire que Madame soit belle.

---
1. **Toilettes** : vêtements somptueux.
2. **Écrins** : petits coffrets à bijoux.
3. **Grosse** (familier) : enceinte.

Claire, *elle s'arrange dans la glace.* – Vous me détestez, n'est-ce pas ? Vous m'écrasez sous vos prévenances[1], sous votre humilité, sous les glaïeuls et le réséda. *(Elle se lève et d'un ton plus bas.)* On s'encombre inutilement. Il y a trop de fleurs. C'est mortel. *(Elle se mire encore.)* Je serai belle. Plus que vous ne le serez jamais. Car ce n'est pas avec ce corps et cette face que vous séduirez Mario. Ce jeune laitier ridicule vous méprise, et s'il vous a fait un gosse…

Solange. – Oh ! mais, jamais je n'ai…

Claire. – Taisez-vous, idiote ! Ma robe !

Solange, *elle cherche dans l'armoire, écartant quelques robes.* – La robe rouge. Madame mettra la robe rouge.

Claire. – J'ai dit la blanche, à paillettes.

Solange, *dure.* – Madame portera ce soir la robe de velours écarlate.

Claire, *naïvement.* – Ah ? Pourquoi ?

Solange, *froidement.* – Il m'est impossible d'oublier la poitrine de Madame sous le drapé de velours. Quand Madame soupire et parle à Monsieur de mon dévouement ! Une toilette noire servirait mieux votre veuvage.

Claire. – Comment ?

Solange. – Dois-je préciser ?

Claire. – Ah ! tu veux parler… Parfait. Menace-moi. Insulte ta maîtresse. Solange, tu veux parler, n'est-ce pas, des malheurs de Monsieur. Sotte. Ce n'est pas l'instant de le rappeler, mais de cette indication je vais tirer un parti magnifique. Tu souris ? Tu en doutes ?

Le dire ainsi : Tu souris = tu en doutes.

---

1. **Prévenances** : attentions, gentillesses.

Les Bonnes

SOLANGE. – Ce n'est pas le moment d'exhumer[1]...

75 CLAIRE. – Mon infamie[2]? Mon infamie! D'exhumer! Quel mot!

SOLANGE. – Madame!

CLAIRE. – Je vois où tu veux en venir. J'écoute bourdonner déjà tes accusations, depuis le début tu m'injuries, tu cherches l'instant de me cracher à la face.

80 SOLANGE, *pitoyable*. – Madame, Madame, nous n'en sommes pas encore là. Si Monsieur...

CLAIRE. – Si Monsieur est en prison, c'est grâce à moi, ose le dire! Ose! Tu as ton franc-parler, parle. J'agis en dessous, camouflée par mes fleurs, mais tu ne peux rien contre moi.

85 SOLANGE. – Le moindre mot vous paraît une menace. Que Madame se souvienne que je suis la bonne.

CLAIRE. – Pour avoir dénoncé Monsieur à la police, avoir accepté de le vendre, je vais être à ta merci? Et pourtant j'aurais fait pire. Mieux. Crois-tu que je n'aie pas souffert? Claire, j'ai forcé ma main, 90 tu entends, je l'ai forcée, lentement, fermement, sans erreur, sans ratures, à tracer cette lettre qui devait envoyer mon amant au bagne. Et toi, plutôt que me soutenir, tu me nargues? Tu parles de veuvage! Monsieur n'est pas mort, Claire. Monsieur, de bagne en bagne, sera conduit jusqu'à la Guyane[3] peut-être, et moi, sa maîtresse, folle de 95 douleur, je l'accompagnerai. Je serai du convoi. Je partagerai sa gloire. Tu parles de veuvage. La robe blanche est le deuil des reines, Claire, tu l'ignores. Tu me refuses la robe blanche!

SOLANGE, *froidement*. – Madame portera la robe rouge.

---

1. Exhumer : tirer un corps d'une tombe; ici, tirer de l'oubli.
2. Infamie : atteinte à la réputation, déshonneur.
3. Il y avait un bagne en Guyane. Les derniers bagnards quittent la Guyane dans les années 1940-1950, c'est-à-dire à l'époque de la création des *Bonnes*.

CLAIRE, *simplement.* Bien. *(Sévère.)* Passez-moi la robe. Oh ! je suis bien seule et sans amitié. Je vois dans ton œil que tu me hais.

SOLANGE. – Je vous aime.

CLAIRE. – Comme on aime sa maîtresse, sans doute. Tu m'aimes et me respectes. Et tu attends ma donation, le codicille[1] en ta faveur…

SOLANGE. – Je ferais l'impossible…

CLAIRE, *ironique.* – Je sais. Tu me jetterais au feu. *(Solange aide Claire à mettre la robe.)* Agrafez. Tirez moins fort. N'essayez pas de me ligoter. *(Solange s'agenouille aux pieds de Claire et arrange les plis de la robe.)* Évitez de me frôler. Reculez-vous. Vous sentez le fauve. De quelle infecte soupente où la nuit les valets vous visitent rapportez-vous ces odeurs ? La soupente ! La chambre des bonnes ! La mansarde[2] ! *(Avec grâce.)* C'est pour mémoire que je parle de l'odeur des mansardes, Claire. Là… *(Elle désigne un point de la chambre.)* Là, les deux lits de fer séparés par la table de nuit. Là, la commode en pitchpin[3] avec le petit autel à la Sainte Vierge. C'est exact, n'est-ce pas ?

SOLANGE. – Nous sommes malheureuses. J'en pleurerais.

CLAIRE. – C'est exact. Passons sur nos dévotions à la Sainte Vierge en plâtre, sur nos agenouillements. Nous ne parlerons même pas des fleurs en papier… *(Elle rit.)* En papier ! Et la branche de buis bénit ! *(Elle montre les fleurs de la chambre.)* Regarde ces corolles[4] ouvertes en mon honneur ! Je suis une Vierge plus belle, Claire.

SOLANGE. – Taisez-vous…

CLAIRE. – Et là, la fameuse lucarne, par où le laitier demi-nu saute jusqu'à votre lit !

SOLANGE. – Madame s'égare, Madame…

---

1. **Codicille** : modification d'un testament.
2. **Soupente, mansarde** : petite pièce sans confort située sous les toits.
3. **Pitchpin** : espèce de pin.
4. **Corolles** : pétales qui forment chaque fleur.

CLAIRE. – Vos mains ! N'égarez pas vos mains. Vous l'ai-je assez murmuré ! elles empestent l'évier.

SOLANGE. – La chute[1] !

CLAIRE. – Hein ?

SOLANGE, *arrangeant la robe*. – La chute. J'arrange votre chute d'amour.

CLAIRE. – Écartez-vous, frôleuse !

> *Elle donne à Solange sur la tempe un coup de talon Louis XV. Solange accroupie vacille et recule.*

SOLANGE. – Voleuse, moi ?

CLAIRE. – Je dis frôleuse. Si vous tenez à pleurnicher, que ce soit dans votre mansarde. Je n'accepte ici, dans ma chambre, que des larmes nobles. Le bas de ma robe, certain jour, en sera constellé, mais de larmes précieuses. Disposez la traîne, traînée[2] !

SOLANGE. – Madame s'emporte !

CLAIRE. – Dans ses bras parfumés, le diable m'emporte. Il me soulève, je décolle, je pars… *(Elle frappe le sol du talon.)*… et je reste. Le collier ? Mais dépêche-toi, nous n'aurons pas le temps. Si la robe est trop longue, fais un ourlet avec des épingles de nourrice.

> *Solange se relève et va pour prendre le collier dans un écrin, mais Claire la devance et s'empare du bijou. Ses doigts ayant frôlé ceux de Solange, horrifiée, Claire recule.*

Tenez vos mains loin des miennes, votre contact est immonde. Dépêchez-vous.

SOLANGE. – Il ne faut pas exagérer. Vos yeux s'allument. Vous atteignez la rive.

---
1. **Chute** : ici, bas de la robe.
2. **Traînée** (familier, injurieux) : prostituée.

Claire. – Vous dites ?

Solange. – Les limites. Les bornes. Madame. Il faut garder vos distances.

Claire. – Quel langage, ma fille. Claire ? tu te venges, n'est-ce pas ? Tu sens approcher l'instant où tu quittes ton rôle...

Solange. – Madame me comprend à merveille. Madame me devine.

Claire. – Tu sens approcher l'instant où tu ne seras plus la bonne. Tu vas te venger. Tu t'apprêtes ? Tu aiguises tes ongles ? La haine te réveille ? Claire n'oublie pas. Claire, tu m'écoutes ? Mais Claire, tu ne m'écoutes pas ?

Solange, *distraite*. – Je vous écoute.

Claire. – Par moi, par moi seule, la bonne existe. Par mes cris et par mes gestes.

Solange. – Je vous écoute.

Claire, *elle hurle*. – C'est grâce à moi que tu es, et tu me nargues[1] ! Tu ne peux savoir comme il est pénible d'être Madame, Claire, d'être le prétexte à vos simagrées[2] ! Il me suffirait de si peu et tu n'existerais plus. Mais je suis bonne, mais je suis belle et je te défie. Mon désespoir d'amante m'embellit encore !

Solange, *méprisante*. – Votre amant !

Claire. – Mon malheureux amant sert encore ma noblesse, ma fille. Je grandis davantage pour te réduire et t'exalter[3]. Fais appel à toutes tes ruses. Il est temps !

Solange, *froidement*. – Assez ! Dépêchez-vous. Vous êtes prête ?

Claire. – Et toi ?

---

1. Tu me nargues : tu me défies avec insolence.
2. Simagrées : manières affectées, exagérées.
3. Exalter : élever, glorifier, mais aussi pousser à l'action.

Solange, *doucement d'abord.* – Je suis prête, j'en ai assez d'être un objet de dégoût. Moi aussi, je vous hais…

Claire. – Doucement, mon petit, doucement…

Elle tape doucement l'épaule de Solange pour l'inciter au calme.

Solange. – Je vous hais ! Je vous méprise. Vous ne m'intimidez plus. Réveillez le souvenir de votre amant, qu'il vous protège. Je vous hais ! Je hais votre poitrine pleine de souffles embaumés[1]. Votre poitrine… d'ivoire ! Vos cuisses… d'or ! Vos pieds… d'ambre ! *(Elle crache sur la robe rouge.)* Je vous hais !

Claire, *suffoquée.* – Oh ! oh ! mais…

Solange, *marchant sur elle.* – Oui Madame, ma belle Madame. Vous croyez que tout vous sera permis jusqu'au bout ? Vous croyez pouvoir dérober la beauté du ciel et m'en priver ? Choisir vos parfums, vos poudres, vos rouges à ongles, la soie, le velours, la dentelle et m'en priver ? Et me prendre le laitier ? Avouez ! Avouez le laitier ! Sa jeunesse, sa fraîcheur vous troublent, n'est-ce pas ? Avouez le laitier. Car Solange vous emmerde !

Claire, *affolée.* – Claire ! Claire !

Solange. – Hein ?

Claire, *dans un murmure.* – Claire, Solange, Claire.

Solange. – Ah ! oui, Claire. Claire vous emmerde ! Claire est là, plus claire que jamais. Lumineuse !

Elle gifle Claire.

Claire. – Oh ! oh ! Claire… vous… oh !

Solange. – Madame se croyait protégée par ses barricades de fleurs, sauvée par un exceptionnel destin, par le sacrifice. C'était compter sans la révolte des bonnes. La voici qui monte, Madame. Elle va

---

1. Embaumés : parfumés.

crever et dégonfler votre aventure. Ce monsieur n'était qu'un triste voleur et vous une…

CLAIRE. – Je t'interdis !

SOLANGE. – M'interdire ! Plaisanterie ! Madame est interdite[1]. Son visage se décompose. Vous désirez un miroir ?

Elle tend à Claire un miroir à main.

CLAIRE, *se mirant avec complaisance*[2]. – J'y suis plus belle ! Le danger m'auréole, Claire, et toi tu n'es que ténèbres…

SOLANGE. – … infernales ! Je sais. Je connais la tirade. Je lis sur votre visage ce qu'il faut vous répondre et j'irai jusqu'au bout. Les deux bonnes sont là – les dévouées servantes ! Devenez plus belle pour les mépriser. Nous ne vous craignons plus. Nous sommes enveloppées, confondues dans nos exhalaisons[3], dans nos fastes[4], dans notre haine pour vous. Nous prenons forme, Madame. Ne riez pas. Ah ! surtout ne riez pas de ma grandiloquence[5]…

CLAIRE. – Allez-vous-en.

SOLANGE. – Pour vous servir, encore, Madame ! Je retourne à ma cuisine. J'y retrouve mes gants et l'odeur de mes dents. Le rot silencieux de l'évier. Vous avez vos fleurs, j'ai mon évier. Je suis la bonne. Vous au moins vous ne pouvez pas me souiller. Mais vous ne l'emporterez pas en paradis. J'aimerais mieux vous y suivre que de lâcher ma haine à la porte. Riez un peu, riez et priez vite, très vite ! Vous êtes au bout du rouleau ma chère ! *(Elle tape sur les mains de Claire qui protège sa gorge.)* Bas les pattes et découvrez ce cou fragile. Allez, ne tremblez pas, ne frissonnez pas, j'opère vite et en silence. Oui, je vais retourner à ma cuisine, mais avant je termine ma besogne.

---

1. **Interdite** : déconcertée.
2. **Complaisance** : autosatisfaction.
3. **Exhalaisons** : odeurs qui se répandent.
4. **Fastes** : splendeurs.
5. **Grandiloquence** : façon de parler pompeuse, prétentieuse.

Les Bonnes

> *Elle semble sur le point d'étrangler Claire. Soudain un réveille-matin sonne. Solange s'arrête. Les deux actrices se rapprochent, émues, et écoutent, pressées l'une contre l'autre.*

Déjà ?

CLAIRE. – Dépêchons-nous. Madame va rentrer. *(Elle commence à dégrafer sa robe.)* Aide-moi. C'est déjà fini, et tu n'as pas pu aller jusqu'au bout.

SOLANGE, *l'aidant. D'un ton triste.* – C'est chaque fois pareil. Et par ta faute. Tu n'es jamais prête assez vite. Je ne peux pas t'achever.

CLAIRE. – Ce qui nous prend du temps, c'est les préparatifs. Remarque…

SOLANGE, *elle lui enlève la robe.* – Surveille la fenêtre.

CLAIRE. – Remarque que nous avons de la marge. J'ai remonté le réveil de façon qu'on puisse tout ranger.

> *Elle se laisse avec lassitude[1] tomber sur le fauteuil.*

SOLANGE. – Il fait lourd, ce soir. Il a fait lourd toute la journée.

CLAIRE. – Oui.

SOLANGE. – Et cela nous tue, Claire.

CLAIRE. – Oui.

SOLANGE. – C'est l'heure.

CLAIRE. – Oui. *(Elle se lève avec lassitude.)* Je vais préparer la tisane.

SOLANGE. – Surveille la fenêtre.

CLAIRE. – On a le temps.

> *Elle s'essuie le visage.*

---

1. Lassitude : grande fatigue.

Solange. – Tu te regardes encore… Claire, mon petit…

Claire. – Je suis lasse.

Solange, *dure*. – Surveille la fenêtre. Grâce à ta maladresse, rien ne serait à sa place. Et il faut que je nettoie la robe de Madame. *(Elle regarde sa sœur.)* Qu'est-ce que tu as? Tu peux te ressembler, maintenant. Reprends ton visage. Allons, Claire, redeviens ma sœur…

Claire. – Je suis à bout. La lumière m'assomme. Tu crois que les gens d'en face…

Solange. – Qu'est-ce que cela peut nous faire? Tu ne voudrais pas qu'on… qu'on s'organise dans le noir? Ferme les yeux. Ferme les yeux, Claire. Repose-toi.

Claire, *elle met sa petite robe noire*. – Oh! quand je dis que je suis lasse, c'est une façon de parler. N'en profite pas pour me plaindre. Ne cherche pas à me dominer.

Elle enfile les bas de fil noirs et chausse les souliers noirs à talons plats.

Solange. – Je voudrais que tu te reposes. C'est surtout quand tu te reposes que tu m'aides*.

Claire. – Je te comprends, ne t'explique pas.

Solange. – Si. Je m'expliquerai. C'est toi qui as commencé. Et d'abord, en faisant cette allusion au laitier. Tu crois que je ne t'ai pas devinée? Si Mario…

Claire. – Oh!

---

* Les metteurs en scène doivent s'appliquer à mettre au point une déambulation qui ne sera pas laissée au hasard : les Bonnes et Madame se rendent d'un point à un autre de la scène, en dessinant une géométrie qui ait un sens. Je ne peux dire lequel, mais cette géométrie ne doit pas être voulue par de simples allées et venues. Elle s'inscrira comme, dit-on, dans le vol des oiseaux, s'inscrivent les présages, dans le vol des abeilles une activité de vie, dans la démarche de certains poètes une activité de mort. [*Note de l'auteur.*]

Solange. – Si le laitier me dit des grossièretés le soir, il t'en dit autant. Mais tu étais bien heureuse de pouvoir...

Claire, *elle hausse les épaules.* – Tu ferais mieux de voir si tout est en ordre. Regarde, la clé du secrétaire[1] était placée comme ceci. *(Elle arrange la clé.)* Et sur les œillets et les roses, il est impossible, comme dit Monsieur, de ne pas...

Solange, *violente.* – Tu étais heureuse de pouvoir tout à l'heure mêler tes insultes...

Claire. – ... découvrir un cheveu de l'une ou de l'autre bonne.

Solange. – Et les détails de notre vie privée avec...

Claire, *ironique.* – Avec ? Avec ? Avec quoi ? Donne un nom ? Donne un nom à la chose ! La cérémonie ? D'ailleurs, nous n'avons pas le temps de commencer une discussion ici. Elle, elle, elle va rentrer. Mais, Solange, nous la tenons, cette fois. Je t'envie d'avoir vu sa tête en apprenant l'arrestation de son amant. Pour une fois, j'ai fait du beau travail. Tu le reconnais ? Sans moi, sans ma lettre de dénonciation, tu n'aurais pas eu ce spectacle : l'amant avec les menottes et Madame en larmes. Elle peut en mourir. Ce matin, elle ne tenait plus debout.

Solange. – Tant mieux. Qu'elle en claque ! Et que j'hérite, à la fin ! Ne plus remettre les pieds dans cette mansarde sordide, entre ces imbéciles, entre une cuisinière et un valet de chambre.

Claire. – Moi je l'aimais notre mansarde.

Solange. – Ne t'attendris pas. Tu l'aimes pour me contredire. Moi qui la hais. Je la vois telle qu'elle est, sordide et nue. Dépouillée[2], comme dit Madame. Mais quoi, nous sommes des pouilleuses[3].

---

1. **Secrétaire** (masculin) : meuble à tiroirs servant de bureau.
2. **Dépouillée** : vide, nue.
3. **Pouilleuses** : personnes couvertes de poux, sales, misérables.

Claire. – Ah ! non, ne recommence pas. Regarde plutôt à la fenêtre. Moi je ne peux rien voir, la nuit est trop noire.

Solange. – Que je parle. Que je me vide. J'ai aimé la mansarde parce que sa pauvreté m'obligeait à de pauvres gestes. Pas de tentures[1] à soulever, pas de tapis à fouler, de meubles à caresser… de l'œil ou du torchon, pas de glaces, pas de balcon. Rien ne nous forçait à un geste trop beau. *(Sur un geste de Claire.)* Mais rassure-toi, tu pourras continuer en prison à faire ta souveraine, ta Marie-Antoinette, te promener la nuit dans l'appartement…

Claire. – Tu es folle ! Jamais je ne me suis promenée dans l'appartement.

Solange, *ironique.* – Oh ! Mademoiselle ne s'est jamais promenée ! Enveloppée dans les rideaux ou le couvre-lit de dentelle, n'est-ce pas ? Se contemplant dans les miroirs, se pavanant au balcon et saluant à deux heures du matin le peuple accouru défiler sous ses fenêtres. Jamais, non, jamais ?

Claire. – Mais, Solange…

Solange. – La nuit est trop noire pour épier[2] Madame. Sur ton balcon, tu te croyais invisible. Pour qui me prends-tu ? N'essaie pas de me faire croire que tu es somnambule. Au point où nous en sommes, tu peux avouer.

Claire. – Mais Solange, tu cries. Je t'en prie, parle plus bas. Madame peut rentrer en sourdine…

Elle court à la fenêtre et soulève le rideau.

Solange. – Laisse les rideaux, j'ai fini. Je n'aime pas te voir les soulever de cette façon. Laisse-les retomber. Le matin de son arrestation, quand il épiait les policiers, Monsieur faisait comme toi.

---

1. Tentures : tissus ornant les murs.
2. Épier : surveiller discrètement.

CLAIRE. – Le moindre geste te paraît un geste d'assassin qui veut s'enfuir par l'escalier de service. Tu as peur maintenant.

SOLANGE. – Ironise, afin de m'exciter. Ironise, va ! Personne ne m'aime ! Personne ne nous aime !

CLAIRE. – Elle, elle nous aime. Elle est bonne. Madame est bonne ! Madame nous adore.

SOLANGE. – Elle nous aime comme ses fauteuils. Et encore ! Comme la faïence rose de ses latrines[1]. Comme son bidet[2]. Et nous, nous ne pouvons pas nous aimer. La crasse…

CLAIRE, *c'est presque dans un aboiement.* – Ah !…

SOLANGE. – … N'aime pas la crasse. Et tu crois que je vais en prendre mon parti, continuer ce jeu et, le soir, rentrer dans mon lit-cage[3]. Pourrons-nous même le continuer, le jeu. Et moi, si je n'ai plus à cracher sur quelqu'un qui m'appelle Claire, mes crachats vont m'étouffer ! Mon jet de salive, c'est mon aigrette[4] de diamants.

CLAIRE, *elle se lève et pleure.* – Parle plus doucement, je t'en prie. Parle… parle de la bonté de Madame. Elle, elle dit : diam's !

SOLANGE. – Sa bonté ! Ses diam's ! C'est facile d'être bonne, et souriante, et douce. Quand on est belle et riche ! Mais être bonne quand on est une bonne ! On se contente de parader pendant qu'on fait le ménage ou la vaisselle. On brandit un plumeau comme un éventail. On a des gestes élégants avec la serpillière. Ou bien, on va comme toi, la nuit s'offrir le luxe d'un défilé historique dans les appartements de Madame.

CLAIRE. – Solange ! Encore ! Tu cherches quoi ? Tu penses que tes accusations vont nous calmer ? Sur ton compte, je pourrais en raconter de plus belles.

---

1. Latrines : toilettes.
2. Bidet : cuvette sur laquelle on s'assoit pour la toilette intime.
3. Lit-cage : lit pliant en métal.
4. Aigrette : tout objet qui a une forme de panache, de bouquet.

Solange. – Toi ? *(Un temps assez long.)* Toi ?

Claire. – Parfaitement. Si je voulais. Parce qu'enfin, après tout…

Solange. – Tout ? Après tout ? Qu'est-ce que tu insinues ? C'est toi qui as parlé de cet homme. Claire, je te hais.

Claire. – Et je te le rends. Mais je n'irai pas chercher le prétexte d'un laitier pour te menacer.

Solange. – De nous deux, qui menace l'autre ! Hein ? Tu hésites ?

Claire. – Essaie d'abord. Tire la première. C'est toi qui recules, Solange. Tu n'oses pas m'accuser du plus grave, mes lettres à la police. La mansarde a été submergée sous mes essais d'écriture… sous des pages et des pages. J'ai inventé les pires histoires et les plus belles dont tu profitais. Hier soir, quand tu faisais Madame dans la robe blanche, tu jubilais[1], tu jubilais, tu te voyais déjà montant en cachette sur le bateau des déportés[2], sur le…

Solange, *professorale*[3]. – Le *Lamartinière*[4]. *(Elle en a détaché chaque syllabe.)*

Claire. – Tu accompagnais Monsieur, ton amant… Tu fuyais la France. Tu partais pour l'île du Diable[5], pour la Guyane, avec lui : un beau rêve ! Parce que j'avais le courage d'envoyer mes lettres anonymes, tu te payais le luxe d'être une prostituée de haut vol, une hétaïre[6]. Tu étais heureuse de ton sacrifice, de porter la croix du mauvais larron[7], de lui torcher le visage, de le soutenir, de te livrer aux chiourmes[8] pour que lui soit accordé un léger soulagement.

Solange. – Mais toi, tout à l'heure, quand tu parlais de le suivre.

---
1. **Tu jubilais** : tu te réjouissais beaucoup.
2. **Déportés** : il s'agit ici des criminels envoyés au bagne.
3. **Professorale** : ici, donneuse de leçon.
4. Navire prison destiné au transport des bagnards.
5. Île au large de la Guyane, qui servit de bagne.
6. **Hétaïre** : courtisane grecque d'un rang élevé.
7. Malfaiteur crucifié avec Jésus-Christ, d'après la Bible.
8. **Chiourmes** : condamnés d'un bagne ou, ici, gardiens de ces condamnés.

Claire. – Je ne le nie pas, j'ai repris l'histoire où tu l'avais lâchée. Mais avec moins de violence que toi. Dans la mansarde déjà, au milieu des lettres, le tangage[1] te faisait chalouper[2].

Solange. – Tu ne te voyais pas.

Claire. – Oh ! si ! Je peux me regarder dans ton visage et voir les ravages qu'y fait notre victime ! Monsieur est maintenant derrière les verrous. Réjouissons-nous. Au moins nous éviterons ses moqueries. Et tu seras plus à ton aise pour te prélasser sur sa poitrine, tu inventeras mieux son torse et ses jambes, tu épieras sa démarche. Le tangage te faisait chalouper ! Déjà tu t'abandonnais à lui. Au risque de nous perdre…

Solange, *indignée*. – Comment ?

Claire. – Je précise. Perdre. Pour écrire mes lettres de dénonciation à la police, il me fallait des faits, citer des dates. Et comment m'y prendre ? Hein ? Souviens-toi. Ma chère, votre confusion rose est ravissante. Tu as honte. Tu étais là pourtant ! J'ai fouillé dans les papiers de Madame et j'ai découvert la fameuse correspondance…

Un silence.

Solange. – Et après ?

Claire. – Oh ! mais tu m'agaces, à la fin ! Après ? Eh bien, après tu as voulu conserver les lettres de Monsieur. Et hier soir encore dans la mansarde, il restait une carte de Monsieur adressée à Madame ! Je l'ai découverte.

Solange, *agressive*. – Tu fouilles dans mes affaires, toi !

Claire. – C'est mon devoir.

Solange. – À mon tour de m'étonner de tes scrupules[3]…

---
1. **Tangage** : balancement d'un navire.
2. **Chalouper** : marcher avec un balancement des épaules et des hanches.
3. **Scrupules** : exigences morales.

CLAIRE. – Je suis prudente, pas scrupuleuse. Quand je risquais tout en m'agenouillant sur le tapis, pour forcer la serrure du secrétaire, pour façonner une histoire avec des matériaux exacts, toi, enivrée par l'espoir d'un amant coupable, criminel et banni, tu m'abandonnais !

SOLANGE. – J'avais placé un miroir de façon à voir la porte d'entrée. Je faisais le guet.

CLAIRE. – Ce n'est pas vrai ! Je remarque tout et je t'observe depuis longtemps. Avec ta prudence coutumière, tu étais restée à l'entrée de l'office, prête à bondir au fond de la cuisine à l'arrivée de Madame !

SOLANGE. – Tu mens, Claire. Je surveillais le corridor…

CLAIRE. – C'est faux ! Il s'en est fallu de peu que Madame ne me trouve au travail ! Toi, sans t'occuper si mes mains tremblaient en fouillant les papiers, toi, tu étais en marche, tu traversais les mers, tu forçais l'Équateur…

SOLANGE, *ironique.* – Mais toi-même ? Tu as l'air de ne rien savoir de tes extases[1] ! Claire, ose dire que tu n'as jamais rêvé d'un bagnard ! Que jamais tu n'as rêvé précisément de celui-là ! Ose dire que tu ne l'as pas dénoncé justement – justement, quel beau mot ! – afin qu'il serve ton aventure secrète.

CLAIRE. – Je sais ça et davantage. Je suis la plus lucide. Mais l'histoire, c'est toi qui l'as inventée. Tourne ta tête. Ah ! si tu te voyais, Solange. Le soleil de la forêt vierge illumine encore ton profil. Tu prépares l'évasion de ton amant. *(Elle rit nerveusement.)* Comme tu te travailles ! Mais rassure-toi, je te hais pour d'autres raisons. Tu les connais.

---

1. **Extases** : émerveillements, ravissements ; ce mot a une connotation religieuse.

Solange, *baissant la voix.* – Je ne te crains pas. Je ne doute pas de ta haine, de ta fourberie[1], mais fais bien attention. C'est moi l'aînée.

Claire. – Qu'est-ce que cela veut dire, l'aînée ? Et la plus forte ? Tu m'obliges à te parler de cet homme pour mieux détourner mes regards. Allons donc ! Tu crois que je ne t'ai pas découverte ? Tu as essayé de la tuer.

Solange. – Tu m'accuses ?

Claire. – Ne nie pas. Je t'ai vue. *(Un long silence.)* Et j'ai eu peur. Peur, Solange. Quand nous accomplissons la cérémonie, je protège mon cou. C'est moi que tu vises à travers Madame, c'est moi qui suis en danger.

Un long silence. Solange hausse les épaules.

Solange, *décidée.* – Oui, j'ai essayé. J'ai voulu te délivrer. Je n'en pouvais plus. J'étouffais de te voir étouffer, rougir, verdir, pourrir dans l'aigre et le doux de cette femme. Tu as raison reproche-le-moi. Je t'aimais trop. Tu aurais été la première à me dénoncer si je l'avais tuée. C'est par toi que j'aurais été livrée à la police.

Claire, *elle la prend aux poignets.* – Solange…

Solange, *se dégageant.* – Il s'agit de moi.

Claire. – Solange, ma petite sœur. J'ai tort. Elle va rentrer.

Solange. – Je n'ai tué personne. J'ai été lâche, tu comprends. J'ai fait mon possible, mais elle s'est retournée en dormant. Elle respirait doucement. Elle gonflait les draps : c'était Madame.

Claire. – Tais-toi.

Solange. – Pas encore. Tu as voulu savoir. Attends, je vais t'en raconter d'autres. Tu connaîtras comme elle est faite, ta sœur. De quoi elle est faite. Ce qui compose une bonne : j'ai voulu l'étrangler…

---

1. **Fourberie** : hypocrisie.

Claire. – Pense au ciel. Pense au ciel. Pense à ce qu'il y a après.

Solange. – Que dalle! J'en ai assez de m'agenouiller sur des bancs. À l'église, j'aurais eu le velours rouge des abbesses ou la pierre des pénitentes[1], mais au moins, noble serait mon attitude. Vois, mais vois comme elle souffre bien, elle, comme elle souffre en beauté. La douleur la transfigure[2]! En apprenant que son amant était un voleur, elle tenait tête à la police. Elle exultait[3]. Maintenant, c'est une abandonnée magnifique, soutenue sous chaque bras par deux servantes attentives et désolées par sa peine. Tu l'as vue? Sa peine étincelante des feux de ses bijoux, du satin de ses robes, des lustres! Claire, la beauté de mon crime devait racheter la pauvreté de mon chagrin. Après, j'aurais mis le feu.

Claire. – Calme-toi, Solange. Le feu pouvait ne pas prendre. On t'aurait découverte. Tu sais ce qui attend les incendiaires.

Solange. – Je sais tout. J'ai eu l'œil et l'oreille aux serrures. J'ai écouté aux portes plus qu'aucune domestique. Je sais tout. Incendiaire! C'est un titre admirable.

Claire. – Tais-toi. Tu m'étouffes. J'étouffe. *(Elle veut entrouvrir la fenêtre.)* Ah! laissez entrer un peu d'air ici!

Solange, *inquiète.* – Que veux-tu faire?

Claire. – Ouvrir.

Solange. – Toi aussi? Depuis longtemps j'étouffe! Depuis longtemps je voulais mener le jeu à la face du monde, hurler ma vérité sur les toits, descendre dans la rue sous les apparences de Madame…

Claire. – Tais-toi. Je voulais dire…

---

1. Pénitentes : personnes qui se repentent de leurs péchés.
2. Transfigure : transforme.
3. Elle exultait : elle éprouvait une joie triomphante.

SOLANGE. – C'est trop tôt, tu as raison. Laisse la fenêtre. Ouvre les portes de l'antichambre et de la cuisine. *(Claire ouvre l'une et l'autre porte.)* Va voir si l'eau bout.

CLAIRE. – Toute seule ?

SOLANGE. – Attends alors, attends qu'elle vienne. Elle apporte son étole[1], ses perles, ses larmes, ses sourires, ses soupirs, sa douceur.

Sonnerie du téléphone. Les deux sœurs écoutent.

CLAIRE, *au téléphone*. – Monsieur ? C'est Monsieur !... C'est Claire, Monsieur... *(Solange veut prendre un écouteur. Claire l'écarte.)* Bien, j'avertirai Madame, Madame sera heureuse de savoir Monsieur en liberté... Bien, Monsieur. Je vais noter. Monsieur attend Madame au *Bilboquet*. Bien... Bonsoir, Monsieur.

Elle veut raccrocher mais sa main tremble et elle pose l'écouteur sur la table.

SOLANGE. – Il est sorti ?

CLAIRE. – Le juge le laisse en liberté provisoire.

SOLANGE. – Mais... Mais alors, tout casse.

CLAIRE, *sèche*. – Tu le vois bien.

SOLANGE. – Les juges ont eu le toupet de le lâcher. On bafoue la justice. On nous insulte ! Si Monsieur est libre, il voudra faire une enquête, il fouillera la maison pour découvrir la coupable. Je me demande si tu saisis la gravité de la situation.

CLAIRE. – J'ai fait ce que j'ai pu, à nos risques et périls.

SOLANGE, *amère*. – Tu as bien travaillé. Mes compliments. Tes dénonciations, tes lettres, tout marche admirablement. Et si on reconnaît ton écriture, c'est parfait. Et pourquoi va-t-il au *Bilboquet*, d'abord, et pas ici. Tu peux l'expliquer ?

---

1. **Étole** : écharpe de fourrure.

CLAIRE. – Puisque tu es si habile, il fallait réussir ton affaire avec Madame. Mais tu as eu peur. L'air était parfumé, le lit tiède. C'était Madame ! Il nous reste à continuer cette vie, reprendre le jeu.

SOLANGE. – Le jeu est dangereux. Je suis sûre que nous avons laissé des traces. Par ta faute. Nous en laissons chaque fois. Je vois une foule de traces que je ne pourrai jamais effacer. Et elle, elle se promène au milieu de cela qu'elle apprivoise. Elle le déchiffre. Elle pose le bout de son pied rose sur nos traces. L'une après l'autre, elle nous découvre. Par ta faute, Madame se moque de nous ! Madame saura tout. Elle n'a qu'à sonner pour être servie. Elle saura que nous mettions ses robes, que nous volions ses gestes, que nous embobinions son amant de nos simagrées. Tout va parler, Claire. Tout nous accusera. Les rideaux marqués par tes épaules, les miroirs par mon visage, la lumière qui avait l'habitude de nos folies, la lumière va tout avouer. Par ta maladresse, tout est perdu.

CLAIRE. – Tout est perdu parce que tu n'as pas eu la force pour…

SOLANGE. – Pour…

CLAIRE. – … la tuer.

SOLANGE. – Je peux encore trouver la force qu'il faut.

CLAIRE. – Où ? Où ? Tu n'es pas aussi au-delà que moi. Tu ne vis pas au-dessus de la cime des arbres. Un laitier traversant ta tête te bouleverse.

SOLANGE. – C'est de n'avoir pas vu sa figure, Claire. D'avoir été tout à coup si près de Madame parce que j'étais près de son sommeil. Je perdais mes forces. Il fallait relever le drap que sa poitrine soulevait pour trouver la gorge.

CLAIRE, *ironique*. – Et les draps étaient tièdes. La nuit noire. C'est en plein jour qu'on fait ces coups-là. Tu es incapable d'un acte aussi terrible. Mais moi, je peux réussir. Je suis capable de tout, et tu le sais.

Solange. – Le gardénal[1].

Claire. – Oui. Parlons paisiblement. Je suis forte. Tu as essayé de me dominer…

Solange. – Mais, Claire…

550 **Claire,** *calmement.* – Pardon. Je sais ce que je dis. Je suis Claire. Et prête. J'en ai assez. Assez d'être l'araignée, le fourreau de parapluie, la religieuse sordide et sans Dieu, sans famille ! J'en ai assez d'avoir un fourneau comme autel. Je suis la pimbêche[2], la putride[3]. À tes yeux aussi.

555 **Solange,** *elle prend Claire aux épaules.* – Claire… Nous sommes nerveuses. Madame n'arrive pas. Moi aussi je n'en peux plus. Je n'en peux plus de notre ressemblance, je n'en peux plus de mes mains, de mes bas noirs, de mes cheveux. Je ne te reproche rien, ma petite sœur. Tes promenades te soulageaient…

560 **Claire,** *agacée.* – Ah ! laisse.

Solange. – Je voudrais t'aider. Je voudrais te consoler, mais je sais que je te dégoûte. Je te répugne. Et je le sais puisque tu me dégoûtes. S'aimer dans le dégoût, ce n'est pas s'aimer.

Claire. – C'est trop s'aimer. Mais j'en ai assez de ce miroir effrayant
565 qui me renvoie mon image comme une mauvaise odeur. Tu es ma mauvaise odeur. Eh bien ! je suis prête. J'aurai ma couronne. Je pourrai me promener dans les appartements.

Solange. – Nous ne pouvons tout de même pas la tuer pour si peu.

570 **Claire.** – Vraiment ? Ce n'est pas assez ? Pourquoi, s'il vous plaît ? Pour quel autre motif ? Où et quand trouver un plus beau prétexte ?

---

1. Gardénal : substance utilisée dans certains somnifères.
2. Pimbêche : femme prétentieuse et désagréable.
3. Putride : qui pourrit, qui se décompose après la mort (adjectif employé ici comme nom).

Ce n'est pas assez ? Ce soir, Madame assistera à notre confusion. En riant aux éclats, en riant parmi ses pleurs, avec ses soupirs épais ! Non. J'aurai ma couronne. Je serai cette empoisonneuse que tu n'as pas su être. À mon tour de te dominer.

Solange. – Mais, jamais…

Claire, *énumérant méchamment, et imitant Madame.* – Passe-moi la serviette ! Passe-moi les épingles à linge ! Épluche les oignons ! Gratte les carottes ! Lave les carreaux ! Fini. C'est fini. Ah ! J'oubliais ! ferme le robinet ! C'est fini. Je disposerai du monde.

Solange. – Ma petite sœur !

Claire. – Tu m'aideras.

Solange. – Tu ne sauras pas quels gestes faire. Les choses sont plus graves, Claire, plus simples.

Claire. – Je serai soutenue par le bras solide du laitier. Il ne flanchera pas. J'appuierai ma main gauche sur sa nuque. Tu m'aideras. Et s'il faut aller plus loin, Solange, si je dois partir pour le bagne, tu m'accompagneras, tu monteras sur le bateau. Solange, à nous deux, nous serons ce couple éternel, du criminel et de la sainte. Nous serons sauvées, Solange, je te le jure, sauvées.

Elle tombe assise sur le lit de Madame.

Solange. – Calme-toi. Je vais te porter là-haut. Tu vas dormir.

Claire. – Laisse-moi. Fais de l'ombre. Fais un peu d'ombre, je t'en supplie.

Solange éteint.

Solange. – Repose-toi. Repose-toi, ma petite sœur. *(Elle s'agenouille, déchausse Claire, lui baise les pieds.)* Calme-toi, mon chéri. *(Elle la caresse.)* Pose tes pieds, là. Ferme les yeux.

Claire, *elle soupire.* – J'ai honte, Solange.

SOLANGE, *très doucement*. – Ne parle pas. Laisse-moi faire. Je vais t'endormir. Quand tu dormiras, je te porterai là-haut, dans la mansarde. Je te déshabillerai et je te coucherai dans ton lit-cage. Dors, je serai là.

CLAIRE. – J'ai honte, Solange.

SOLANGE. – Chut! Laisse-moi te raconter une histoire.

CLAIRE, *plaintivement*. – Solange?

SOLANGE. – Mon ange?

CLAIRE. – Solange, écoute.

SOLANGE. – Dors.

Long silence.

CLAIRE. – Tu as de beaux cheveux. Quels beaux cheveux. Les siens…

SOLANGE. – Ne parle plus d'elle.

CLAIRE. – Les siens sont faux. *(Long silence.)* Tu te rappelles, toutes les deux. Sous l'arbre. Nos pieds au soleil? Solange?

SOLANGE. – Dors. Je suis là. Je suis ta grande sœur.

Silence. Au bout d'un moment Claire se lève.

CLAIRE. – Non! Non! pas de faiblesse! Allume! Allume! Le moment est trop beau! *(Solange allume.)* Debout! Et mangeons. Qu'est-ce qu'il y a dans la cuisine? Hein? Il faut manger. Pour être forte. Viens, tu vas me conseiller. Le gardénal?

SOLANGE. – Oui. Le gardénal…

CLAIRE. – Le gardénal! Ne fais pas cette tête. Il faut être joyeuse et chanter. Chantons! Chante, comme quand tu iras mendier dans les cours et les ambassades. Il faut rire. *(Elles rient aux éclats.)* Sinon le tragique va nous faire nous envoler par la fenêtre. Ferme la fenêtre. *(En riant, Solange ferme la fenêtre.)* L'assassinat est une chose…

inénarrable[1] ! Chantons. Nous l'emporterons dans un bois et sous les sapins, au clair de lune, nous la découperons en morceaux. Nous chanterons ! Nous l'enterrerons sous les fleurs dans nos parterres que nous arroserons le soir avec un petit arrosoir !

Sonnerie à la porte d'entrée de l'appartement.

SOLANGE. – C'est elle. C'est elle qui rentre. *(Elle prend sa sœur aux poignets.)* Claire, tu es sûre de tenir le coup ?

CLAIRE. – Il en faut combien ?

SOLANGE. – Mets-en dix. Dans son tilleul. Dix cachets de gardénal. Mais tu n'oseras pas.

CLAIRE, *elle se dégage, va arranger le lit. Solange la regarde un instant.* – J'ai le tube sur moi. Dix.

SOLANGE, *très vite.* – Dix. Neuf ne suffiraient pas. Davantage la ferait vomir. Dix. Fais le tilleul très fort. Tu as compris.

CLAIRE, *elle murmure.* – Oui.

SOLANGE, *elle va pour sortir et se ravise. D'une voix naturelle.* – Très sucré.

Elle sort à gauche. Claire continue à arranger la chambre et sort à droite. Quelques secondes s'écoulent. Dans la coulisse on entend un éclat de rire nerveux. Suivie de Solange, Madame, couverte de fourrures, entre en riant.

---

1. **Inénarrable** : qui ne peut pas être racontée.

Arrêt sur lecture 1

Pour comprendre l'essentiel

La cérémonie, une exposition déstabilisante

❶ Au théâtre, habituellement, l'exposition a pour fonction de donner des informations sur les personnages. Montrez qu'au début des *Bonnes*, au contraire, l'identité et le nom des personnages restent longtemps incertains pour les spectateurs.

❷ Les bonnes jouent une scène à l'intérieur de la pièce : il s'agit de théâtre dans le théâtre. Précisez le rôle joué par chacune d'elles, résumez l'action qu'elles mettent en scène et indiquez les sentiments ainsi suscités chez les spectateurs.

❸ Les bonnes qualifient leur jeu de « cérémonie ». Expliquez le choix de ce mot en rappelant ses connotations.

Des personnages aux rapports ambivalents

❹ Dans cette première partie de la pièce, les bonnes semblent pouvoir échanger leurs rôles sans difficulté, car elles se ressemblent. Relevez leurs points communs.

❺ Toutefois, dès la fin de la cérémonie, après la sonnerie du réveil, des différences entre les bonnes transparaissent. Dites quelles sont ces différences.

Arrêt sur lecture 1

❻ Les bonnes éprouvent l'une envers l'autre des sentiments contradictoires. Montrez-le en précisant quels sont ces sentiments.

La montée de la tension dramatique

❼ Plusieurs rebondissements rythment ce début de pièce. Relevez les didascalies qui indiquent des sonneries et montrez qu'à chacune d'elles correspond un rebondissement.

❽ Cette cérémonie frappe par sa violence. Montrez que cette violence est présente non seulement pendant la cérémonie, mais aussi après. Prouvez qu'elle est à la fois physique et verbale.

❾ Peu à peu, l'objectif des bonnes devient plus clair : il s'agit de tuer Madame. Expliquez quelles peuvent être les fonctions de la cérémonie dans la préparation du meurtre.

> *Rappelez-vous !*
>
> • Au théâtre, l'**exposition** donne habituellement des informations aux spectateurs, en particulier sur l'identité des personnages. Ici, il s'agit de deux sœurs, domestiques d'une femme riche, qui éprouvent un mélange d'amour et de haine l'une envers l'autre et envers leur maîtresse. Insatisfaites de leur condition, elles tentent d'y échapper grâce à leur cérémonie.
>
> • Mais les spectateurs ne savent pas d'emblée que ce sont deux bonnes, car la pièce commence par une scène de **théâtre dans le théâtre**, procédé consistant à introduire dans une pièce la représentation d'une autre pièce. L'incertitude qui s'installe sur l'identité des personnages déstabilise ainsi les spectateurs. La fausse tentative de meurtre à laquelle ils assistent renforce ce malaise.

Les Bonnes

Vers l'oral du Bac

Analyse des lignes 181 à 237, p. 20-22

☛ Montrer que cette scène de théâtre dans le théâtre est l'occasion d'un renversement des rôles

Conseils pour la lecture à voix haute

– Faites bien entendre la différence entre les répliques des personnages et les didascalies.
– N'hésitez pas à faire sentir la violence de Solange dans cet extrait. Pour cela, appuyez-vous sur la ponctuation.
– Quand Claire joue Madame, votre ton doit passer de l'angoisse d'une personne menacée à l'assurance de quelqu'un qui a l'habitude de donner des ordres. Quand Claire sort de son rôle pour rappeler Solange à l'ordre, faites sentir son affolement.

Analyse du texte

■ Introduction rédigée

La pièce commence par ce que les bonnes appellent la « cérémonie » : il s'agit d'un jeu de rôle au cours duquel l'une des bonnes tente de tuer leur maîtresse, Madame, jouée par l'autre bonne. Au début de la pièce, il n'est pas évident pour les spectateurs qu'il s'agit seulement d'un jeu. L'extrait que nous allons étudier est la fin de la cérémonie : de plus en plus violente, Solange, dans le rôle de Claire, s'apprête à tuer Madame avant d'être interrompue par la sonnerie d'un réveil. Nous allons montrer que cette scène de théâtre dans le théâtre est l'occasion d'un renversement des rôles. C'est en effet une scène de théâtre dans le théâtre troublante pour les spectateurs, au cours de laquelle les bonnes prennent symboliquement leur revanche sur Madame, mais aussi l'une sur l'autre.

Arrêt sur lecture 1

■ *Analyse guidée*

I. Une scène troublante de théâtre dans le théâtre

a. Les bonnes jouent une scène. Dites quels rôles elles tiennent, quels sont leurs accessoires et quelle est l'intrigue de cette scène.

b. Le texte permet au lecteur de savoir qui est qui. Montrez que l'identité des personnages est beaucoup plus incertaine pour les spectateurs, même au moment de la sonnerie du réveil.

c. Genet disait vouloir créer un « malaise » dans la salle. Expliquez pour quelles raisons cette scène de théâtre dans le théâtre peut susciter un tel sentiment.

II. La revanche des bonnes

a. L'univers des bonnes s'oppose à celui de Madame. Justifiez cette idée en relevant les mots qui connotent le luxe et ceux qui connotent la pauvreté.

b. Solange, dans le rôle de Claire, prend sa revanche sur Madame. Démontrez que Solange domine Madame en vous appuyant sur la longueur des répliques, la ponctuation, les didascalies, les modes verbaux et les différents niveaux de langue.

c. Madame, jouée par Claire, hésite entre l'angoisse et l'assurance. Déterminez pour chaque réplique de Madame le sentiment qu'elle manifeste.

III. La rivalité entre les deux sœurs

a. Solange ne joue pas parfaitement le rôle de Claire. Retrouvez à quel moment elle sort de son rôle et analysez cette réplique.

b. Solange, dans le rôle de Claire, accuse Madame d'être troublée par un laitier. En vous appuyant sur les pages qui suivent cet extrait, montrez que ce reproche est en réalité le signe d'une rivalité entre les deux sœurs.

c. Dans cette scène de théâtre dans le théâtre, les sœurs restent donc en partie elles-mêmes. Analysez les sentiments que peuvent éprouver les spectateurs devant cette violente rivalité.

Les Bonnes

■ *Conclusion rédigée*

Conformément au but qu'il affiche dans le texte « Comment jouer *Les Bonnes* », Genet réussit à susciter un « malaise » dans la salle dès le début de la pièce. En effet, les repères traditionnels des spectateurs sont brouillés, puisqu'ils ne peuvent savoir qui sont les personnages, ni même être certains que ceux-ci jouent une scène de théâtre dans le théâtre. De plus, ils sont confrontés à la représentation d'une tentative de meurtre. Il s'agit donc d'une scène de transgression. Non seulement les bonnes enfreignent symboliquement la loi en jouant le meurtre de Madame, mais elles renversent aussi les rôles, Solange jouant le rôle de Claire qui domine physiquement et verbalement Madame. Le malaise est encore plus grand lorsqu'on comprend que le jeu laisse transparaître la rivalité entre les deux sœurs. L'arrivée de Madame, replaçant douloureusement les bonnes dans leur condition de domestique, ne rendra que plus nécessaire la disparition de Madame.

Les trois questions de l'examinateur

Question 1. Genet cherche-t-il à être réaliste ? Présentez votre point de vue en vous servant de vos connaissances de l'ensemble de la pièce.

Question 2. Un texte de théâtre est destiné à être représenté. Décrivez la mise en scène que vous proposeriez pour cet extrait. Vous pouvez vous servir des photographies reproduites dans cet ouvrage. Montrez que le texte ne suffit pas pour mettre en scène une pièce et qu'il faut toujours inventer certains éléments.

Questions 3. La mise en scène d'Alain Timar (photographie reproduite en fin d'ouvrage, au verso de la couverture) vous semble-t-elle respecter les indications données par Genet dans « Comment jouer *Les Bonnes* » ?

[Suite de la page 37]

MADAME. – De plus en plus ! Des glaïeuls horribles, d'un rose débilitant, et du mimosa ! Ces folles doivent courir les halles avant le jour pour les acheter moins cher. Tant de sollicitude, ma chère Solange, pour une maîtresse indigne, et tant de roses pour elle quand Monsieur est traité comme un criminel ! Car… Solange, à ta sœur et à toi, je vais encore donner une preuve de confiance ! Car je n'ai plus d'espoir. Cette fois Monsieur est bel et bien incarcéré.

Solange lui retire son manteau de fourrure.

Incarcéré, Solange ! – In-car-cé-ré ! Et dans des circonstances infernales ! Que réponds-tu à cela ? Voilà ta maîtresse mêlée à la plus sordide affaire et la plus sotte. Monsieur est couché sur la paille et vous m'élevez un reposoir[1]* !

SOLANGE. – Madame ne doit pas se laisser aller. Les prisons ne sont plus comme sous la Révolution…

MADAME. – La paille humide des cachots n'existe plus, je le sais. N'empêche que mon imagination invente les pires tortures à Monsieur. Les prisons sont pleines de criminels dangereux et Monsieur, qui est la délicatesse même, vivra avec eux ! Je meurs de honte. Alors qu'il essaie de s'expliquer son crime, moi, je m'avance au milieu d'un parterre, sous des tonnelles, avec le désespoir dans l'âme. Je suis brisée.

---

1. Reposoir : dans le culte chrétien, table ornée de fleurs dressée dans la chambre d'un mourant.
* Il est possible que la pièce paraisse réduite à un squelette de pièce. En effet, tout y est trop vite dit, et trop explicite, je suggère donc que les metteurs en scène éventuels remplacent les expressions trop précises, celles qui rendent la situation trop explicite, par d'autres plus ambiguës. Que les comédiennes jouent. Excessivement. [*Note de l'auteur.*]

SOLANGE. – Vos mains sont gelées.

MADAME. – Je suis brisée. Chaque fois que je rentrerai mon cœur battra avec cette violence terrible et un beau jour je m'écroulerai, morte sous vos fleurs. Puisque c'est mon tombeau que vous préparez, puisque depuis quelques jours vous accumulez dans ma chambre des fleurs funèbres ! J'ai eu très froid mais je n'aurai pas le toupet de m'en plaindre. Toute la soirée, j'ai traîné dans les couloirs. J'ai vu des hommes glacés, des visages de marbre, des têtes de cire, mais j'ai pu apercevoir Monsieur. Oh ! de très loin. Du bout des doigts j'ai fait un signe. À peine. Je me sentais coupable. Et je l'ai vu disparaître entre deux gendarmes.

SOLANGE. – Des gendarmes ? Madame est sûre ? Ce sont plutôt des gardes.

MADAME. – Tu connais des choses que j'ignore. Gardes ou gendarmes, ils ont emmené Monsieur. Je quitte à l'instant la femme d'un magistrat. Claire !

SOLANGE. – Elle prépare le tilleul de Madame.

MADAME. – Qu'elle se presse ! Pardon, ma petite Solange. Pardonne-moi. J'ai honte de réclamer du tilleul quand Monsieur est seul, sans nourriture, sans tabac, sans rien. Les gens ne savent pas assez ce qu'est la prison. Ils manquent d'imagination, mais j'en ai trop. Ma sensibilité m'a fait souffrir. Atrocement. Vous avez de la chance, Claire et toi, d'être seules au monde. L'humilité de votre condition vous épargne quels malheurs !

SOLANGE. – On s'apercevra vite que Monsieur est innocent.

MADAME. – Il l'est ! Il l'est ! Mais innocent ou coupable, je ne l'abandonnerai jamais. Voici à quoi on reconnaît son amour pour un être : Monsieur n'est pas coupable, mais s'il l'était, je deviendrais sa complice. Je l'accompagnerais jusqu'à la Guyane, jusqu'en Sibérie[1].

---

1. Région de l'actuelle Russie et de l'ancienne URSS, dans laquelle il y avait des camps de travail forcé (goulags), à l'époque de la création des *Bonnes*.

Je sais qu'il s'en tirera, au moins par cette histoire imbécile m'est-il donné de prendre conscience de mon attachement à lui. Et cet événement destiné à nous séparer nous lie davantage, et me rend presque plus heureuse. D'un bonheur monstrueux ! Monsieur n'est pas coupable mais s'il l'était, avec quelle joie j'accepterais de porter sa croix ! D'étape en étape, de prison en prison, et jusqu'au bagne je le suivrais. À pied s'il le faut. Jusqu'au bagne, jusqu'au bagne, Solange ! Que je fume ! Une cigarette !

Solange. – On ne le permettrait pas. Les épouses des bandits, ou leurs sœurs, ou leurs mères ne peuvent même pas les suivre.

Madame. – Un bandit ! Quel langage, ma fille ! Et quelle science ! Un condamné n'est plus un bandit. Ensuite, je forcerais les consignes. Et, Solange, j'aurais toutes les audaces, toutes les ruses.

Solange. – Madame est courageuse.

Madame. – Tu ne me connais pas encore. Jusqu'à présent, vous avez vu, ta sœur et toi, une femme entourée de soins et de tendresse, se préoccuper de ses tisanes et de ses dentelles, mais depuis longtemps je viens d'abandonner mes manies. Je suis forte. Et prête pour la lutte. D'ailleurs, Monsieur ne risque pas l'échafaud[1]. Mais il est bien que je m'élève à ce même niveau. J'ai besoin de cette exaltation[2] pour penser plus vite. Et besoin de cette vitesse pour regarder mieux. Grâce à quoi je percerai peut-être cette atmosphère d'inquiétude où je m'avance depuis ce matin. Grâce à quoi je devinerai peut-être ce qu'est cette police infernale disposant chez moi d'espions mystérieux.

Solange. – Il ne faut pas s'affoler. J'ai vu acquitter des cas plus graves. Aux assises[3] d'Aix-en-Provence...

Madame. – Des cas plus graves ? Que sais-tu de son cas ?

---

1. **Échafaud** : estrade sur laquelle se pratiquait la décapitation ; peine de mort.
2. **Exaltation** : enthousiasme, emportement, engouement.
3. **Assises** : tribunal composé de citoyens chargés de juger les crimes.

Solange. – Moi ? Rien. C'est d'après ce qu'en dit Madame. J'estime que ce ne peut être qu'une affaire sans danger…

Madame. – Tu bafouilles. Et que sais-tu des acquittements ? Tu fréquentes les Assises, toi ?

Solange. – Je lis les comptes rendus. Je vous parle d'un homme qui avait commis quelque chose de pire. Enfin…

Madame. – Le cas de Monsieur est incomparable. On l'accuse de vols idiots. Tu es satisfaite ? De vols ! Idiots ! Idiots comme les lettres de dénonciation qui l'ont fait arrêter.

Solange. – Madame devrait se reposer.

Madame. – Je ne suis pas lasse. Cessez de me traiter comme une impotente[1]. À partir d'aujourd'hui, je ne suis plus la maîtresse qui vous permettait de conseiller et d'entretenir sa paresse. Ce n'est pas moi qu'il faut plaindre. Vos gémissements me seraient insupportables. Votre gentillesse m'agace. Elle m'accable. Elle m'étouffe. Votre gentillesse qui depuis des années n'a jamais vraiment pu devenir affectueuse. Et ces fleurs qui sont là pour fêter juste le contraire d'une noce ! Il vous manquait de faire du feu pour me chauffer ! Est-ce qu'il y a du feu dans sa cellule ?

Solange. – Il n'y a pas de feu, Madame. Et si Madame veut dire que nous manquons de discrétion…

Madame. – Mais je ne veux rien dire de pareil.

Solange. – Madame désire voir les comptes de la journée ?

Madame. – En effet ! Tu es inconsciente ! Crois-tu que j'aie la tête aux chiffres ? Mais enfin, Solange, me mépriserais-tu assez que tu me refuses toute délicatesse ? Parler de chiffres, de livres de comptes, de recettes de cuisine, d'office[2] et de bas office[3], quand j'ai le

---

1. **Impotente** : personne invalide.
2. **Office** : pièce située à côté de la cuisine.
3. **De bas office** : de peu de valeur.

désir de rester seule avec mon chagrin ! Convoque les fournisseurs pendant que tu y es !

Solange. – Nous comprenons le chagrin de Madame !

Madame. – Non que je veuille tendre[1] de noir l'appartement, mais enfin…

Solange, *rangeant l'étole de fourrure.* La doublure est déchirée. Je la donnerai au fourreur[2] demain.

Madame. – Si tu veux. Encore que ce ne soit guère la peine. Maintenant j'abandonne mes toilettes. D'ailleurs je suis une vieille femme. N'est-ce pas, Solange, que je suis une vieille femme ?

Solange. – Les idées noires qui reviennent.

Madame. – J'ai des idées de deuil, ne t'en étonne pas. Comment songer à mes toilettes et à mes fourrures quand Monsieur est en prison ? Si l'appartement vous paraît trop triste…

Solange. – Oh ! Madame…

Madame. – Vous n'avez aucune raison de partager mon malheur, je vous l'accorde.

Solange. – Nous n'abandonnerons jamais Madame. Après tout ce que Madame a fait pour nous.

Madame. – Je le sais, Solange. Étiez-vous très malheureuses ?

Solange. – Oh !

Madame. – Vous êtes un peu mes filles. Avec vous la vie me sera moins triste. Nous partirons pour la campagne. Vous aurez les fleurs du jardin. Mais vous n'aimez pas les jeux. Vous êtes jeunes et vous ne riez jamais. À la campagne vous serez tranquilles. Je vous dorloterai. Et plus tard ; je vous laisserai tout ce que j'ai. D'ailleurs, que

---

1. Tendre : tapisser, décorer.
2. Fourreur : marchand de fourrures.

Les Bonnes

vous manque-t-il ? Rien qu'avec mes anciennes robes vous pourriez être vêtues comme des princesses. Et mes robes... *(Elle va à l'armoire et regarde ses robes.)* À quoi serviraient-elles. J'abandonne la vie élégante.

> *Entre Claire, portant le tilleul.*

CLAIRE. – Le tilleul est prêt.

MADAME. – Adieu les bals, les soirées, le théâtre. C'est vous qui hériterez de tout cela.

CLAIRE, *sèche*. – Que Madame conserve ses toilettes.

MADAME, *sursautant*. – Comment ?

CLAIRE, *calme*. – Madame devra même en commander de plus belles.

MADAME. – Comment courrais-je les couturiers ? Je viens de l'expliquer à ta sœur : il me faudra une toilette noire pour mes visites au parloir. Mais de là...

CLAIRE. – Madame sera très élégante. Son chagrin lui donnera de nouveaux prétextes.

MADAME. – Hein ? Tu as sans doute raison. Je continuerai à m'habiller pour Monsieur. Mais il faudra que j'invente le deuil de l'exil de Monsieur. Je le porterai plus somptueux que celui de sa mort. J'aurai de nouvelles et de plus belles toilettes. Et vous m'aiderez en portant mes vieilles robes. En vous les donnant, j'attirerai peut-être la clémence sur Monsieur. On ne sait jamais.

CLAIRE. – Mais, Madame...

SOLANGE. – Le tilleul est prêt, Madame.

MADAME. – Pose-le. Je le boirai tout à l'heure. Vous aurez mes robes. Je vous donne tout.

Claire. – Jamais nous ne pourrons remplacer Madame. Si Madame connaissait nos précautions pour arranger ses toilettes ! L'armoire de Madame, c'est pour nous comme la chapelle de la Sainte Vierge. Quand nous l'ouvrons…

Solange, *sèche*. – Le tilleul va refroidir.

Claire. – Nous l'ouvrons à deux battants, nos jours de fête. Nous pouvons à peine regarder les robes, nous n'avons pas le droit. L'armoire de Madame est sacrée. C'est sa grande penderie !

Solange. – Vous bavardez et vous fatiguez Madame.

Madame. – C'est fini. *(Elle caresse la robe de velours rouge.)* Ma belle « Fascination ». La plus belle. Pauvre belle. C'est Lanvin[1] qui l'avait dessinée pour moi. Spécialement. Tiens ! Je vous la donne. Je t'en fais cadeau, Claire !

Elle la donne à Claire et cherche dans l'armoire.

Claire. – Oh ! Madame me la donne vraiment ?

Madame, *souriant suavement*[2]. – Bien sûr. Puisque je te le dis.

Solange. – Madame est trop bonne. *(À Claire.)* Vous pouvez remercier Madame. Depuis le temps que vous l'admiriez.

Claire. – Jamais je n'oserai la mettre. Elle est si belle.

Madame. – Tu pourras la faire retailler. Dans la traîne seulement il y a le velours des manches. Elle sera très chaude. Telles que je vous connais, je sais qu'il vous faut des étoffes solides. Et toi, Solange, qu'est-ce que je peux te donner ? Je vais te donner… Tiens, mes renards[3].

Elle les prend, les pose sur le fauteuil au centre.

---

1. **Jeanne Lanvin** (1867-1946) : styliste française.
2. **Suavement** : avec une grande douceur.
3. **Renards** : ici, manteau en fourrure de renard.

Claire. – Oh ! le manteau de parade !

Madame. – Quelle parade ?

Solange. – Claire veut dire que Madame ne le mettait qu'aux grandes occasions.

Madame. – Pas du tout. Enfin. Vous avez de la chance qu'on vous donne des robes. Moi, si j'en veux, je dois les acheter. Mais j'en commanderai de plus riches afin que le deuil de Monsieur soit plus magnifiquement conduit.

Claire. – Madame est belle !

Madame. – Non, non, ne me remerciez pas. Il est si agréable de faire des heureux autour de soi.
Quand je ne songe qu'à faire du bien ! Qui peut être assez méchant pour me punir. Et me punir de quoi ? Je me croyais si bien protégée de la vie, si bien protégée par votre dévouement. Si bien protégée par Monsieur. Et toute cette coalition[1] d'amitiés n'aura pas réussi une barricade assez haute contre le désespoir. Je suis désespérée ! Des lettres ! Des lettres que je suis seule à connaître. Solange ?

Solange, *saluant sa sœur.* – Oui, Madame.

Madame, *apparaissant.* – Quoi ? Oh ! tu fais des révérences à Claire ? Comme c'est drôle ! Je vous croyais moins disposées à la plaisanterie.

Claire. – Le tilleul, Madame.

Madame. – Solange, je t'appelais pour te demander… Tiens, qui a encore dérangé la clé du secrétaire ?… pour te demander ton avis. Qui a pu envoyer ces lettres ? Aucune idée, naturellement. Vous êtes comme moi, aussi éberluées[2]. Mais la lumière sera faite, mes petites. Monsieur saura débrouiller le mystère. Je veux qu'on analyse l'écriture et qu'on sache qui a pu mettre au point une pareille

---
1. Coalition : union contre un ennemi commun.
2. Éberluées : très surprises, stupéfaites.

machination. Le récepteur… Qui a encore décroché le récepteur et pourquoi ? On a téléphoné ?

Silence.

Claire. – C'est moi. C'est quand Monsieur…

Madame. – Monsieur ? Quel monsieur ? *(Claire se tait.)* Parlez !

Solange. – Quand Monsieur a téléphoné.

Madame. – De prison ? Monsieur a téléphoné de prison ?

Claire. – Nous voulions faire une surprise à Madame.

Solange. – Monsieur est en liberté provisoire.

Claire. – Il attend Madame au *Bilboquet*.

Solange. – Oh ! si Madame savait !

Claire. – Madame ne nous pardonnera jamais.

Madame, *se levant*. – Et vous ne disiez rien ! Une voiture. Solange, vite, vite, une voiture. Mais dépêchez-toi. *(Le lapsus est supposé.)* Cours, voyons. *(Elle pousse Solange hors de la chambre.)* Mes fourrures ! Mais plus vite ! Vous êtes folles. Ou c'est moi qui le deviens. *(Elle met son manteau de fourrure. À Claire.)* Quand a-t-il téléphoné ?

Claire, *d'une voix blanche*. – Cinq minutes avant le retour de Madame.

Madame. – Il fallait me parler. Et ce tilleul qui est froid. Jamais je ne pourrai attendre le retour de Solange. Oh ! qu'est-ce qu'il a dit ?

Claire. – Ce que je viens de dire. Il était très calme.

Madame. – Lui, toujours. Sa condamnation à mort le laisserait insensible. C'est une nature. Ensuite ?

Claire. – Rien. Il a dit que le juge le laissait en liberté.

Madame. – Comment peut-on sortir du Palais de Justice à minuit ? Les juges travaillent si tard ?

Claire. – Quelquefois beaucoup plus tard.

Madame. – Beaucoup plus tard ? Mais, comment le sais-tu ?

Claire. – Je suis au courant, Je lis *Détective*[1].

Madame, *étonnée*. – Ah ! oui ? Tiens, comme c'est curieux. Tu es vraiment une drôle de fille, Claire. *(Elle regarde son bracelet-montre.)* Elle pourrait se dépêcher. *(Un long silence.)* Tu n'oublieras pas de faire recoudre la doublure de mon manteau.

Claire. – Je le porterai demain au fourreur.

Long silence.

Madame. – Et les comptes ? Les comptes de la journée. J'ai le temps. Montre-les-moi.

Claire. – C'est Solange qui s'en occupe.

Madame. – C'est juste. D'ailleurs j'ai la tête à l'envers, je les verrai demain. *(Regardant Claire.)* Approche un peu ! Approche ! Mais… tu es fardée[2] ! *(Riant.)* Mais Claire, mais tu te fardes !

Claire, *très gênée*. – Madame…

Madame. – Ah ! ne mens pas ! D'ailleurs tu as raison. Vis, ma fille, ris. C'est en l'honneur de qui ? Avoue.

Claire. – J'ai mis un peu de poudre.

Madame. – Ce n'est pas de la poudre, c'est du fard, c'est de la « cendre de roses », un vieux rouge dont je ne me sers plus. Tu as raison. Tu es encore jeune, embellis-toi, ma fille. Arrange-toi. *(Elle lui met une fleur dans les cheveux. Elle regarde son bracelet-montre.)* Que fait-elle ? Il est minuit et elle ne revient pas !

---

1. Magazine relatant des affaires judiciaires sur un ton sensationnel.
2. Fardée : maquillée.

CLAIRE. – Les taxis sont rares. Elle a dû courir en chercher jusqu'à la station.

MADAME. – Tu crois ? Je ne me rends pas compte du temps. Le bonheur m'affole. Monsieur téléphonant qu'il est libre et à une heure pareille !

CLAIRE. – Madame devrait s'asseoir. Je vais réchauffer le tilleul.

Elle va pour sortir.

MADAME. – Mais non, je n'ai pas soif. Cette nuit, c'est du champagne que nous allons boire. Nous ne rentrerons pas.

CLAIRE. – Vraiment un peu de tilleul…

MADAME, *riant*. – Je suis déjà trop énervée.

CLAIRE. – Justement.

MADAME. – Vous ne nous attendrez pas, surtout, Solange et toi. Montez vous coucher tout de suite. *(Soudain elle voit le réveil.)* Mais… ce réveil. Qu'est-ce qu'il fait là ? D'où vient-il ?

CLAIRE, *très gênée*. – Le réveil ? C'est le réveil de la cuisine.

MADAME. – Ça ? Je ne l'ai jamais vu.

CLAIRE, *elle prend le réveil*. – Il était sur l'étagère. Il y est depuis toujours.

MADAME, *souriante*. – Il est vrai que la cuisine m'est un peu étrangère. Vous y êtes chez vous. C'est votre domaine. Vous en êtes les souveraines. Je me demande pourquoi vous l'avez apporté ici ?

CLAIRE. – C'est Solange pour le ménage. Elle n'ose jamais se fier à la pendule.

MADAME, *souriante*. – Elle est l'exactitude même. Je suis servie par les servantes les plus fidèles.

CLAIRE. – Nous adorons Madame.

Madame, *se dirigeant vers la fenêtre.* – Et vous avez raison. Que n'ai-je pas fait pour vous ?

Elle sort.

Claire, *seule, avec amertume*[1]. – Madame nous a vêtues comme des princesses. Madame a soigné Claire ou Solange, car Madame nous confondait toujours. Madame nous enveloppait de sa bonté. Madame nous permettait d'habiter ensemble ma sœur et moi. Elle nous donnait les petits objets dont elle ne se sert plus. Elle supporte que le dimanche nous allions à la messe et nous placions sur un prie-Dieu[2] près du sien.

Voix de Madame, *en coulisse.* – Écoute ! Écoute !

Claire. – Elle accepte l'eau bénite que nous lui tendons et parfois, du bout de son gant, elle nous en offre !

voix de Madame, *en coulisse.* – Le taxi ! Elle arrive. Hein ? Que dis-tu ?

Claire, *très fort.* – Je me récite les bontés de Madame.

Madame, *elle rentre, souriante.* – Que d'honneurs ! Que d'honneurs… et de négligence. *(Elle passe la main sur le meuble.)* Vous les chargez de roses mais n'essuyez pas les meubles.

Claire. – Madame n'est pas satisfaite du service ?

Madame. – Mais très heureuse, Claire. Et je pars !

Claire. – Madame prendra un peu de tilleul, même s'il est froid.

Madame, *riant, se penche sur elle.* – Tu veux me tuer avec ton tilleul, tes fleurs, tes recommandations. Ce soir…

Claire, *implorant.* – Un peu seulement…

---

1. Amertume : aigreur, ressentiment.
2. Prie-Dieu : chaise très basse sur laquelle on s'agenouille pour prier.

Madame. – Ce soir je boirai du champagne. *(Elle va vers le plateau de tilleul. Claire remonte lentement vers le tilleul.)* Du tilleul ! Versé dans le service[1] de gala ! Et pour quelle solennité[2] !

Claire. – Madame…

Madame. – Enlevez ces fleurs. Emportez-les chez vous. Reposez-vous. *(Tournée comme pour sortir.)* Monsieur est libre ! Claire ! Monsieur est libre et je vais le rejoindre.

Claire. – Madame.

Madame. – Madame s'échappe ! Emportez-moi ces fleurs !

La porte claque derrière elle.

---

1. Service : ensemble de pièces de vaisselle.
2. Solennité : cérémonie.

Arrêt sur lecture 2

Pour comprendre l'essentiel

La domination condescendante de Madame

❶ Madame est en position de supériorité sur le plan théâtral et sur le plan social. Montrez-le en vous appuyant sur la longueur des répliques, les didascalies et la symbolique des objets qui lui sont associés.

❷ Toutefois, Madame manifeste aussi une bonté maternelle envers ses bonnes. Indiquez quels actes et expressions témoignent de cette bonté.

❸ Mais cette bonté n'est pas pure. Repérez et expliquez les passages dans lesquels Madame fait preuve de condescendance, de mépris, voire de mesquinerie.

L'attitude équivoque des bonnes envers Madame

❹ En apparence, les bonnes montrent du respect envers leur maîtresse. Relevez les expressions qui manifestent ce respect.

❺ Parfois, elles lui témoignent même de la vénération, comme à un dieu. Montrez-le en relevant les mots et expressions qui ont une connotation religieuse.

Arrêt sur lecture 2

❻ Mais Genet fait aussi sentir la révolte contenue des bonnes, les reproches qu'elles n'osent pas faire à Madame. Montrez que ces sentiments se manifestent dès que celle-ci sort de scène.

L'impossible meurtre : la fatalité à l'œuvre

❼ Des indices menacent à tout moment de révéler la culpabilité des bonnes. Relevez-les (répliques ou objets) et montrez en quoi ils peuvent paraître suspects à Madame.

❽ Les bonnes ont prévu d'empoisonner Madame en versant du gardénal dans son tilleul. Repérez tous les passages où il est question du tilleul et montrez que Madame échappe chaque fois à la mort.

❾ On parle d'ironie tragique lorsque les spectateurs savent qu'un personnage court à sa perte alors qu'il croit agir pour son bien. Repérez les passages qui reposent sur l'ironie tragique et expliquez son fonctionnement.

> *Rappelez-vous !*
>
> • La **tragédie** est un genre théâtral dans lequel la fatalité conduit malgré eux des personnages à un sort malheureux. On parle d'**ironie tragique** quand les spectateurs savent qu'un personnage court à sa perte sans le savoir. Ici, Madame, au travers de propos banals, évoque sans le savoir une réelle menace de meurtre.
>
> • La **fatalité** est une composante essentielle de la tragédie. Traditionnellement, elle prend la forme d'une malédiction divine ou d'une passion amoureuse incontrôlable. Dans *Les Bonnes*, la fatalité pourrait avoir une explication psychanalytique : en oubliant des objets, en faisant des lapsus, les bonnes semblent inconsciemment se dénoncer.

Les Bonnes

Vers l'oral du Bac

Analyse des lignes 872 à 919, p. 51-53

☛ Étudier la tension dramatique dans le face à face entre Claire et Madame

Conseils pour la lecture à voix haute

– Madame s'agite et parle beaucoup: appuyez-vous sur la ponctuation pour trouver le ton juste.
– Le calme de Claire, au contraire, transparaît dans des phrases courtes et affirmatives. Mais est-ce le signe de son abattement ou d'une menace? À vous de faire sentir que le personnage est équivoque.

Analyse du texte

▪ *Introduction rédigée*

Pour échapper à une probable condamnation, Claire et Solange ont prévu d'empoisonner Madame en mettant du gardénal dans son tilleul. Mais leur projet est remis en cause lorsqu'elles révèlent par inadvertance que Monsieur est sorti de prison. Madame, qui souhaite le retrouver au plus vite, va leur échapper. Solange a été envoyée à la recherche d'un taxi et tarde à revenir. Seule avec Madame, Claire doit trouver le moyen de lui faire boire son tilleul. Nous allons montrer que le face à face entre Claire et Madame est une scène de tension troublante pour les spectateurs. Les deux femmes forment un couple ambivalent au sein d'une scène où la tension dramatique monte en suscitant le malaise des spectateurs.

■ *Analyse guidée*

I. Claire et Madame, un couple ambivalent

a. La relation entre Claire et Madame reprend un schéma classique au théâtre : celui du maître et du serviteur. Étudiez la façon dont chacune s'adresse à l'autre.

b. Dans ce passage, Madame se comporte aussi avec Claire comme une mère avec sa fille. Pour le prouver, étudiez le moment où Madame découvre que Claire s'est maquillée.

c. Enfin, lorsqu'elle lui parle de Monsieur, Madame se comporte avec Claire comme avec une confidente. Montrez que Madame emploie le ton de la confidence en vous fondant sur les types de phrases employés dans les répliques.

II. L'art du suspens ou la tension dramatique

a. Le temps qui passe semble être une menace qui pèse sur Madame. Relevez les mentions de l'écoulement du temps, notamment dans les didascalies.

b. On parle d'ironie théâtrale lorsque les spectateurs en savent plus qu'un ou plusieurs personnages sur scène. Expliquez en quoi elle consiste ici et pourquoi elle contribue à la tension dramatique de la scène.

c. Claire révèle à Madame son intérêt pour les chroniques judiciaires. Expliquez pourquoi les spectateurs peuvent comprendre que cette information est inquiétante. Étudiez la réaction de Madame.

III. Le malaise des spectateurs

a. Les spectateurs craignent d'assister à un meurtre, mais la potentielle victime ne suscite pas leur sympathie. Dites ce qu'il y a d'antipathique chez Madame dans cet extrait.

b. L'attitude de Claire est difficile à interpréter. Analysez ses répliques et les types de phrases qu'elle emploie pour montrer que son calme peut autant être le signe de son abattement que d'une menace.

c. Dans cet extrait, Solange n'est plus sur scène. Imaginez quels sentiments son absence peut provoquer chez les spectateurs.

Les Bonnes

■ *Conclusion rédigée*

La tension dramatique est forte dans ce passage. En effet, après avoir assisté à la répétition de l'assassinat de Madame au début de la pièce, lors de la cérémonie des bonnes, les spectateurs peuvent s'attendre à voir Madame mourir sur scène : le temps qui s'écoule semble resserrer l'étau autour d'elle, elle évite de justesse la mort en refusant de boire son tilleul empoisonné à plusieurs reprises. Ils peuvent aussi s'attendre à voir Claire tuer sur-le-champ sa maîtresse. Les spectateurs pourraient éprouver de la pitié pour Madame ; pourtant, le peu de sympathie qu'elle suscite et l'ambivalence du couple qu'elle forme avec Claire créent un malaise. Les spectateurs craignent-ils ou souhaitent-ils la mort de Madame ? Quoi qu'il en soit, le suspens s'est peu à peu accentué.

Les trois questions de l'examinateur

Question 1. Dans cet extrait, Madame apparaît comme une amoureuse impatiente de retrouver son amant. Mais, auparavant, elle avait présenté d'autres visages. Lesquels ? Peut-on dire qu'elle se plaît à jouer plusieurs rôles ? (Vous pouvez vous référer à la mise en scène de Louis Jouvet dont une photographie est reproduite en début d'ouvrage, au verso de la couverture.)

Question 2. Le couple du maître et du valet est fréquent au théâtre. Donnez-en des exemples à différentes époques et analysez les différences et les similitudes avec le couple formé par Claire et Madame. Vous pouvez vous servir du groupement de textes (p. 93-104).

Question 3. À la lecture du texte, Claire peut sembler abattue ou menaçante. Imaginez des jeux de scène différents suivant l'interprétation choisie et décrivez-les.

[Suite de la page 55]

Claire, *restée seule*. – Car Madame est bonne ! Madame est belle ! Madame est douce ! Mais nous ne sommes pas des ingrates, et tous les soirs dans notre mansarde, comme l'a bien ordonné Madame, nous prions pour elle. Jamais nous n'élevons la voix et devant elle nous n'osons même pas nous tutoyer. Ainsi Madame nous tue avec sa douceur ! Avec sa bonté, Madame nous empoisonne. Car Madame est bonne ! Madame est belle ! Madame est douce ! Elle nous permet un bain chaque dimanche et dans sa baignoire. Elle nous tend quelquefois une dragée. Elle nous comble de fleurs fanées. Madame prépare nos tisanes. Madame nous parle de Monsieur à nous en faire chavirer. Car Madame est bonne ! Madame est belle ! Madame est douce !

Solange, *qui vient de rentrer*. – Elle n'a pas bu ? Évidemment. Il fallait s'y attendre. Tu as bien travaillé.

Claire. – J'aurais voulu t'y voir.

Solange. – Tu pouvais te moquer de moi. Madame s'échappe. Madame nous échappe, Claire ! Comment pouvais-tu la laisser fuir ? Elle va revoir Monsieur et tout comprendre. Nous sommes perdues.

Claire. – Ne m'accable pas. J'ai versé le gardénal dans le tilleul, elle n'a pas voulu le boire et c'est ma faute…

Solange. – Comme toujours !

Claire. – … car ta gorge brûlait d'annoncer la levée d'écrou de Monsieur.

Solange. – La phrase a commencé sur ta bouche…

Claire. – Elle s'est achevée sur la tienne.

Solange. – J'ai fait ce que j'ai pu. J'ai voulu retenir les mots... Ah! mais ne renverse pas les accusations. J'ai travaillé pour que tout réussisse. Pour te donner le temps de tout préparer j'ai descendu l'escalier le plus lentement possible, j'ai passé par les rues les moins fréquentées, j'y trouvais des nuées de taxis. Je ne pouvais plus les éviter. Je crois que j'en ai arrêté un sans m'en rendre compte. Et pendant que j'étirais le temps, toi, tu perdais tout? Tu lâchais Madame. Il ne nous reste plus qu'à fuir. Emportons nos effets[1]... sauvons-nous...

Claire. – Toutes les ruses étaient inutiles. Nous sommes maudites.

Solange. – Maudites! Tu vas recommencer tes sottises.

Claire. – Tu sais ce que je veux dire. Tu sais bien que les objets nous abandonnent.

Solange. – Les objets ne s'occupent pas de nous!

Claire. – Ils ne font que cela. Ils nous trahissent. Et il faut que nous soyons de bien grands coupables pour qu'ils nous accusent avec un tel acharnement. Je les ai vus sur le point de tout dévoiler à Madame. Après le téléphone c'était à nos lèvres de nous trahir. Tu n'as pas, comme moi, assisté à toutes les découvertes de Madame. Car je l'ai vue marcher vers la révélation. Elle n'a rien compris mais elle brûle.

Solange. – Tu l'as laissée partir!

Claire. – J'ai vu Madame, Solange, je l'ai vue découvrir le réveil de la cuisine que nous avions oublié de remettre à sa place, découvrir la poudre sur la coiffeuse, découvrir le fard mal essuyé de mes joues, découvrir que nous lisions *Détective*. Nous découvrir de plus en plus et j'étais seule pour supporter tous ces chocs, seule pour nous voir tomber!

---

1. **Effets** : affaires.

Solange. – Il faut partir. Emportons nos fringues. Vite, vite, Claire... Prenons le train... le bateau...

Claire. – Partir où ? Rejoindre qui ? Je n'aurais pas la force de porter une valise.

Solange. – Partons. Allons n'importe où ! Avec n'importe quoi.

Claire. – Où irions-nous ? Que ferions-nous pour vivre. Nous sommes pauvres !

Solange, *regardant autour d'elle*. – Claire, emportons... emportons...

Claire. – L'argent ? Je ne le permettrais pas. Nous ne sommes pas des voleuses. La police nous aurait vite retrouvées. Et l'argent nous dénoncerait. Depuis que j'ai vu les objets nous dévoiler l'un après l'autre, j'ai peur d'eux, Solange. La moindre erreur peut nous livrer.

Solange. – Au diable ! Que tout aille au diable. Il faudra bien qu'on trouve le moyen de s'évader.

Claire. – Nous avons perdu... C'est trop tard.

Solange. – Tu ne crois pas que nous allons rester comme cela, dans l'angoisse. Ils rentreront demain, tous les deux. Ils sauront d'où venaient les lettres. Ils sauront tout ! Tout ! Tu n'as donc pas vu comme elle étincelait ! Sa démarche dans l'escalier ! Sa démarche victorieuse ! Son bonheur atroce ? Toute sa joie sera faite de notre honte. Son triomphe c'est le rouge de notre honte ! Sa robe c'est le rouge de notre honte ! Ses fourrures... Ah ! elle a repris ses fourrures !

Claire. – Je suis si lasse !

Solange. – Il est bien temps de vous plaindre. Votre délicatesse se montre au beau moment.

Claire. – Trop lasse !

Solange. – Il est évident que des bonnes sont coupables quand Madame est innocente. Il est si simple d'être innocent, Madame ! Mais moi si je m'étais chargée de votre exécution je jure que je l'aurais conduite jusqu'au bout !

Claire. – Mais Solange…

Solange. – Jusqu'au bout ! Ce tilleul empoisonné, ce tilleul que vous osiez me refuser de boire, j'aurais desserré vos mâchoires pour vous forcer à l'avaler ! Me refuser de mourir, vous ! Quand j'étais prête à vous le demander à genoux, les mains jointes et baisant votre robe !

Claire. – Il n'était pas aussi facile d'en venir à bout !

Solange. – Vous croyez ? J'aurais su vous rendre la vie impossible. Et je vous aurais contrainte à venir me supplier de vous offrir ce poison, que je vous aurais peut-être refusé. De toute façon, la vie vous serait devenue intolérable.

Claire. – Claire ou Solange, vous m'irritez – car je vous confonds, Claire ou Solange, vous m'irritez et me portez vers la colère. Car c'est vous que j'accuse de tous nos malheurs.

Solange. – Osez le répéter.

Elle met sa robe blanche face au public, par-dessus sa petite robe noire.

Claire. – Je vous accuse d'être coupable du plus effroyable des crimes.

Solange. – Vous êtes folle ! ou ivre. Car il n'y a pas de crime, Claire, je te défie de nous accuser d'un crime précis.

Claire. – Nous l'inventerons donc, car… Vous vouliez m'insulter ! Ne vous gênez pas ! Crachez-moi à la face ! Couvrez-moi de boue et d'ordures.

Solange, *se retournant et voyant Claire dans la robe de Madame*. – Vous êtes belle !

Claire. – Passez sur les formalités du début. Il y a longtemps que vous avez rendu inutiles les mensonges, les hésitations qui conduisent à la métamorphose ! Presse-toi ! Presse-toi. Je n'en peux plus des hontes et des humiliations. Le monde peut nous écouter, sourire, hausser les épaules, nous traiter de folles et d'envieuses, je frémis, je frissonne de plaisir, Claire, je vais hennir[1] de joie !

Solange. – Vous êtes belle !

Claire. – Commence les insultes.

Solange. – Vous êtes belle.

Claire. – Passons. Passons le prélude[2]. Aux insultes.

Solange. – Vous m'éblouissez. Je ne pourrai jamais.

Claire. – J'ai dit les insultes. Vous n'espérez pas m'avoir fait revêtir cette robe pour m'entendre chanter ma beauté. Couvrez-moi de haine ! D'insultes ! De crachats !

Solange. – Aidez-moi.

Claire. – Je hais les domestiques. J'en hais l'espèce odieuse et vile[3]. Les domestiques n'appartiennent pas à l'humanité. Ils coulent. Ils sont une exhalaison qui traîne dans nos chambres, dans nos corridors, qui nous pénètre, nous entre par la bouche, qui nous corrompt. Moi, je vous vomis. *(Mouvement de Solange pour aller à la fenêtre.)* Reste ici.

Solange. – Je monte, je monte…

Claire, *parlant toujours des domestiques.* – Je sais qu'il en faut comme il faut des fossoyeurs[4], des vidangeurs, des policiers. N'empêche que tout ce beau monde est fétide[5].

---

1. Hennir : pousser le cri du cheval.
2. Prélude : introduction.
3. Vile : méprisable.
4. Fossoyeurs : personnes qui creusent les tombes.
5. Fétide : qui dégage une odeur forte et répugnante.

Solange. – Continuez. Continuez.

Claire. – Vos gueules d'épouvante et de remords, vos coudes plissés, vos corsages démodés, vos corps pour porter nos défroques[1]. Vous êtes nos miroirs déformants, notre soupape[2], notre honte, notre lie[3].

Solange. – Continuez. Continuez.

Claire. – Je suis au bord, presse-toi, je t'en prie. Vous êtes… vous êtes… Mon Dieu, je suis vide, je ne trouve plus. Je suis à bout d'insultes. Claire, vous m'épuisez !

Solange. – Laissez-moi sortir. Nous allons parler au monde. Qu'il se mette aux fenêtres pour nous voir, il faut qu'il nous écoute.

Elle ouvre la fenêtre, mais Claire la tire dans la chambre.

Claire. – Les gens d'en face vont nous voir.

Solange, *déjà sur le balcon.* – J'espère bien. Il fait bon. Le vent m'exalte !

Claire. – Solange ! Solange ! Reste avec moi, rentre !

Solange. – Je suis au niveau. Madame avait pour elle son chant de tourterelle, ses amants, son laitier.

Claire. – Solange…

Solange. – Silence ! Son laitier matinal, son messager de l'aube, son tocsin[4] délicieux, son maître pâle et charmant, c'est fini. En place pour le bal.

Claire. – Qu'est-ce que tu fais ?

---

1. Défroques : vêtements déjà portés.
2. Soupape : ce qui permet à des forces en excès de s'échapper en évitant une explosion.
3. Lie : dépôt qui se forme au fond de certains liquides ; ce qu'il y a de plus bas dans la société.
4. Tocsin : bruit d'une cloche.

Solange, *solennelle.* – J'en interromps le cours. À genoux !

Claire. – Tu vas trop loin !

Solange. – À genoux ! puisque je sais à quoi je suis destinée.

Claire. – Vous me tuez !

1135 **Solange**, *allant sur elle.* – Je l'espère bien. Mon désespoir me fait indomptable. Je suis capable de tout. Ah ! nous étions maudites !

Claire. – Tais-toi.

Solange. – Vous n'aurez pas à aller jusqu'au crime.

Claire. – Solange !

1140 **Solange.** – Ne bougez pas ! Que Madame m'écoute. Vous avez permis qu'elle s'échappe. Vous ! Ah ! quel dommage que je ne puisse lui dire toute ma haine ! que je ne puisse lui raconter toutes nos grimaces. Mais, toi si lâche, si sotte, tu l'as laissée s'enfuir. En ce moment, elle sable le champagne ! Ne bougez pas ! Ne bougez pas !
1145 La mort est présente et nous guette !

Claire. – Laisse-moi sortir.

Solange. – Ne bougez pas. Je vais avec vous peut-être découvrir le moyen le plus simple, et le courage, Madame, de délivrer ma sœur et du même coup me conduire à la mort.

1150 **Claire.** – Que vas-tu faire ? Où tout cela nous mène-t-il ?

Solange, *c'est un ordre.* – Je t'en prie, Claire, réponds-moi.

Claire. – Solange, arrêtons-nous. Je n'en peux plus. Laisse-moi.

Solange. – Je continuerai, seule, seule, ma chère. Ne bougez pas. Quand vous aviez de si merveilleux moyens, il était impossible que
1155 Madame s'en échappât. *(Marchant sur Claire.)* Et cette fois, je veux en finir avec une fille aussi lâche.

Claire. – Solange ! Solange ! Au secours !

SOLANGE. – Hurlez si vous voulez ! Poussez même votre dernier cri, Madame ! *(Elle pousse Claire qui reste accroupie dans un coin.)* Enfin ! Madame est morte ! étendue sur le linoléum[1]… étranglée par les gants de la vaisselle. Madame peut rester assise ! Madame peut m'appeler mademoiselle Solange. Justement. C'est à cause de ce que j'ai fait. Madame et Monsieur m'appelleront mademoiselle Solange Lemercier… Madame aurait dû enlever cette robe noire, c'est grotesque. *(Elle imite la voix de Madame.)* M'en voici réduite à porter le deuil de ma bonne. À la sortie du cimetière, tous les domestiques du quartier défilaient devant moi comme si j'eusse été de la famille. J'ai si souvent prétendu qu'elle faisait partie de la famille. La morte aura poussé jusqu'au bout la plaisanterie. Oh ! Madame… Je suis l'égale de Madame et je marche la tête haute… *(Elle rit).* Non, monsieur l'Inspecteur, non… Vous ne saurez rien de mon travail. Rien de notre travail en commun. Rien de notre collaboration à ce meurtre… Les robes ? Oh ! Madame peut les garder. Ma sœur et moi nous avions les nôtres. Celles que nous mettions la nuit en cachette. Maintenant, j'ai ma robe et je suis votre égale. Je porte la toilette rouge des criminelles. Je fais rire Monsieur ? Je fais sourire Monsieur ? Il me croit folle. Il pense que les bonnes doivent avoir assez bon goût pour ne pas accomplir de gestes réservés à Madame ! Vraiment il me pardonne ? Il est la bonté même. Il veut lutter de grandeur avec moi. Mais j'ai conquis la plus sauvage… Madame s'aperçoit de ma solitude ! Enfin ! Maintenant je suis seule. Effrayante. Je pourrais vous parler avec cruauté, mais je peux être bonne… Madame se remettra de sa peur. Elle s'en remettra très bien. Parmi ses fleurs, ses parfums, ses robes. Cette robe blanche que vous portiez le soir au bal de l'Opéra. Cette robe blanche que je lui interdis toujours. Et parmi ses bijoux, ses amants. Moi, j'ai ma sœur. Oui, j'ose en parler. J'ose, Madame. Je peux tout oser. Et qui, qui pourrait me faire taire ? Qui aurait le courage de me dire : « Ma fille » ? J'ai servi. J'ai eu les gestes qu'il faut pour servir. J'ai souri à Madame. Je me suis penchée pour faire le lit, penchée pour

---

1. **Linoléum** : revêtement de sol utilisé principalement dans les cuisines.

laver le carreau, penchée pour éplucher les légumes, pour écouter aux portes, coller mon œil aux serrures. Mais maintenant, je reste droite. Et solide. Je suis l'étrangleuse. Mademoiselle Solange, celle qui étrangla sa sœur! Me taire? Madame est délicate vraiment. Mais j'ai pitié de Madame. J'ai pitié de la blancheur de Madame, de sa peau satinée, de ses petites oreilles, de ses petits poignets... Je suis la poule noire, j'ai mes juges. J'appartiens à la police. Claire? Elle aimait vraiment beaucoup, beaucoup, Madame!... Non, monsieur l'Inspecteur, je n'expliquerai rien devant eux. Ces choses-là ne regardent que nous... Cela, ma petite, c'est notre nuit à nous! *(Elle allume une cigarette et fume d'une façon maladroite. La fumée la fait tousser.)* Ni vous ni personne ne saurez rien, sauf que cette fois Solange est allée jusqu'au bout. Vous la voyez vêtue de rouge. Elle va sortir.

> *Solange se dirige vers la fenêtre, l'ouvre et monte sur le balcon.*
> *Elle dira, le dos au public, face à la nuit, la tirade qui suit.*
> *Un vent léger fait bouger les rideaux.*

Sortir. Descendre le grand escalier: la police l'accompagne. Mettez-vous au balcon pour la voir marcher entre les pénitents noirs. Il est midi. Elle porte alors une torche de neuf livres. Le bourreau la suit de près. À l'oreille il lui chuchote des mots d'amour. Le bourreau m'accompagne, Claire! Le bourreau m'accompagne! *(Elle rit.)* Elle sera conduite en cortège par toutes les bonnes du quartier, par tous les domestiques qui ont accompagné Claire à sa dernière demeure. *(Elle regarde dehors.)* On porte des couronnes, des fleurs, des oriflammes[1], des banderoles, on sonne le glas[2]. L'enterrement déroule sa pompe[3]. Il est beau, n'est-ce pas? Viennent d'abord les maîtres d'hôtel, en frac[4], sans revers de soie. Ils portent leurs couronnes. Viennent ensuite les valets de pied, les laquais en culotte courte et bas blancs. Ils portent leurs couronnes. Viennent ensuite les valets

---

1. **Oriflammes**: bannières.
2. **Glas**: son d'une cloche qui annonce la mort de quelqu'un.
3. **Pompe**: splendeur, magnificence.
4. **Frac**: habit de cérémonie.

de chambre, puis les femmes de chambre portant nos couleurs. Viennent les concierges, viennent encore les délégations du ciel. Et je les conduis. Le bourreau me berce. On m'acclame. Je suis pâle et je vais mourir.

Elle rentre.

Que de fleurs ! On lui a fait un bel enterrement, n'est-ce pas ? Claire ! *(Elle éclate en sanglots et s'effondre dans un fauteuil Elle se relève.)* Inutile, Madame, j'obéis à la police. Elle seule me comprend. Elle aussi appartient au monde des réprouvés[1].

Accoudée au chambranle[2] de la porte de la cuisine, depuis un moment, Claire, visible seulement du public, écoute sa sœur.

Maintenant, nous sommes mademoiselle Solange Lemercier. La femme Lemercier. La Lemercier. La fameuse criminelle. *(Lasse.)* Claire, nous sommes perdues.

CLAIRE, *dolente, voix de Madame.* – Fermez la fenêtre et tirez les rideaux. Bien.

SOLANGE. – Il est tard. Tout le monde est couché. Ne continuons pas.

CLAIRE, *elle fait de la main le geste du silence.* – Claire, vous verserez mon tilleul.

SOLANGE. – Mais…

CLAIRE. – Je dis mon tilleul.

SOLANGE. – Nous sommes mortes de fatigue. Il faut cesser.

Elle s'assoit dans le fauteuil.

---
1. Réprouvés : damnés, rejetés.
2. Chambranle : bordure d'une porte ou d'une fenêtre.

CLAIRE. – Ah! Mais non! Vous croyez, ma bonne, vous en tirer à bon compte! Il serait trop facile de comploter avec le vent, de faire de la nuit sa complice.

SOLANGE. – Mais…

CLAIRE. – Ne discute pas. C'est à moi de disposer en ces dernières minutes. Solange, tu me garderas en toi.

SOLANGE. – Mais non! Mais non! Tu es folle. Nous allons partir! Vite, Claire. Ne restons pas. L'appartement est empoisonné.

CLAIRE. – Reste.

SOLANGE. – Claire, tu ne vois donc pas comme je suis faible? Comme je suis pâle?

CLAIRE. – Tu es lâche. Obéis-moi. Nous sommes tout au bord, Solange. Nous irons jusqu'à la fin. Tu seras seule pour vivre nos deux existences. Il te faudra beaucoup de force. Personne ne saura au bagne que je t'accompagne en cachette. Et surtout, quand tu seras condamnée, n'oublie pas que tu me portes en toi. Précieusement. Nous serons belles, libres et joyeuses, Solange, nous n'avons plus une minute à perdre. Répète avec moi…

SOLANGE. – Parle, mais tout bas.

CLAIRE, *mécanique*. – Madame devra prendre son tilleul.

SOLANGE, *dure*. – Non, je ne veux pas.

CLAIRE, *la tenant par les poignets*. – Garce! répète. Madame prendra son tilleul.

SOLANGE. – Madame prendra son tilleul…

CLAIRE. – Car il faut qu'elle dorme…

SOLANGE. – Car il faut qu'elle dorme…

CLAIRE. – Et que je veille.

Solange. – Et que je veille.

Claire, *elle se couche sur le lit de Madame.* – Je répète. Ne m'interromps plus. Tu m'écoutes ? Tu m'obéis ? *(Solange fait oui de la tête.)* Je répète ! mon tilleul !

Solange, *hésitant.* – Mais…

Claire. – Je dis ! mon tilleul.

Solange. – Mais, Madame…

Claire. – Bien. Continue.

Solange. – Mais, Madame, il est froid.

Claire. – Je le boirai quand même. Donne.

Solange apporte le plateau.

Et tu l'as versé dans le service le plus riche, le plus précieux…

Elle prend la tasse et boit cependant que Solange, face au public, reste immobile, les mains croisées comme par des menottes.

Rideau

Arrêt sur lecture 3

Pour comprendre l'essentiel

Une succession de dénouements possibles

❶ Se sentant condamnées, les bonnes envisagent une première solution, la fuite. Dites quel personnage propose cette solution et montrez que si elles ne parviennent pas à fuir réellement, elles le font dans l'imaginaire.

❷ Elles envisagent ensuite la mort. Relisez la tirade de Solange (l. 1158-1234) et expliquez comment elle imagine sa mort.

❸ Le véritable dénouement a lieu quand Claire boit le tilleul. Montrez qu'on assiste à une scène de théâtre dans le théâtre comparable à celle du début de la pièce, mais qui, cette fois, est réellement menée à son terme.

L'évolution du rapport entre les deux sœurs

❹ Après le départ de Madame, les bonnes réagissent différemment. Analysez les différences d'attitude. Montrez que leur comportement correspond d'abord à celui qu'elles avaient au début de la pièce.

❺ Solange passe ensuite de l'assurance à l'abattement. Prouvez-le en vous appuyant sur les didascalies.

Les Bonnes

❻ Au même moment, Claire change aussi d'attitude. Utilisez les didascalies et les répétitions des dernières pages de la pièce pour le prouver.

De l'humiliation au crime

❼ Paradoxalement, les bonnes se sentent humiliées par la gentillesse de Madame. Relevez les antithèses qui le montrent dans le monologue de Claire, après le départ de Madame (l. 973-984). Expliquez pourquoi la bonté de Madame peut être humiliante pour les bonnes.

❽ Solange puis Claire imaginent les conséquences d'un meurtre réussi. En vous appuyant sur les connotations des mots employés dans les tirades des bonnes, montrez que le crime leur apparaît comme un acte positif.

❾ À la fin de la pièce, les sœurs n'ont plus seulement le statut de bonnes mais de criminelle et de victime. Essayez d'expliquer pourquoi ces nouveaux statuts peuvent leur paraître plus enviables que leur statut de bonne.

> *Rappelez-vous !*
>
> • Le **dénouement** d'une pièce est la résolution, heureuse ou malheureuse, d'une intrigue. Le dénouement des *Bonnes* est ambigu. Il se termine par la mort d'un des personnages principaux, ce qui est le signe d'un échec. Pourtant, après plusieurs tentatives infructueuses, les bonnes réussissent enfin, certes symboliquement, à tuer Madame.
>
> • Ce meurtre réussi leur donne un nouveau statut : elles ne sont plus de simples bonnes. En effet, Solange devient une criminelle, statut qu'elle considère paradoxalement comme héroïque. Claire se sacrifie en buvant le tilleul, afin que sa sœur puisse atteindre cette forme de **reconnaissance**. Elles se libèrent ainsi toutes deux de la même identité médiocre qu'elles partageaient et détestaient, pour prendre des **identités différentes**, celles du bourreau et de la victime.

Arrêt sur lecture 3

Vers l'oral du Bac

Analyse des lignes 1235 à 1286, p. 70-72

🖙 Analyser les différents sens du dénouement

Conseils pour la lecture à voix haute

– Faites sentir la différence de ton entre les deux personnages : autant Solange est fatiguée, autant Claire a gagné en assurance depuis le début de la pièce. Cette différence devra se faire entendre au moment où Solange répète les propos de Claire.

– De même, faites sentir la différence entre les moments où Solange refuse de jouer à nouveau la cérémonie et ceux où elle accepte sous la contrainte.

Analyse du texte

■ *Introduction rédigée*

Les bonnes n'ont pas réussi à assassiner Madame : celle-ci n'a pas bu le tilleul empoisonné et a quitté la scène pour rejoindre Monsieur. Se voyant déjà condamnées, Claire et Solange envisagent d'abord la fuite. Puis, échappant à la réalité, elles reprennent la cérémonie qu'elles ont l'habitude de jouer et Solange imagine son exécution. Épuisée et désespérée, elle finit par renoncer à ce jeu. C'est alors que Claire le reprend : c'est le passage que nous allons étudier. Quels sens peut-on donner à ce dénouement ? C'est d'abord l'achèvement de la cérémonie commencée au début de la pièce. C'est aussi la revanche de Claire. C'est enfin un dénouement tragique.

Les Bonnes

■ *Analyse guidée*

I. L'achèvement malaisé de la cérémonie

a. Solange et Claire reprennent le jeu de rôle auquel les spectateurs avaient déjà assisté au début de la pièce. Trouvez les indices permettant de le prouver.

b. Solange ne se prête pas au jeu facilement. Exposez les arguments qu'elle oppose à sa sœur.

c. La cérémonie n'est plus seulement un jeu. Relisez la dernière réplique de Claire et montrez que le jeu rejoint alors la réalité.

II. La domination de Claire

a. Les didascalies de gestes et de mouvements sont nombreuses dans cette partie de la pièce. Dites quel rapport physique elles introduisent entre les deux sœurs.

b. L'une des sœurs domine l'autre verbalement. Trouvez de laquelle il s'agit et analysez les moyens verbaux qu'elle emploie.

c. L'autre sœur paraît au contraire très faible. Analysez les procédés qui traduisent cette faiblesse.

III. Un dénouement tragique

a. Claire semble animée par un désir de mort. En observant le temps des verbes dans sa tirade, montrez que sa mort lui paraît inéluctable. Expliquez quelles en seront, selon elle, les conséquences.

b. Dans une tragédie, les personnages sont à la fois innocents et coupables. Montrez que c'est le cas des bonnes. Analysez plus particulièrement le cas de Solange, en comparant son rôle dans cet extrait et la didascalie finale.

c. Une tragédie suscite des émotions ambivalentes : les spectateurs éprouvent de la pitié pour les personnages, en raison des malheurs qui s'abattent sur eux, mais aussi de la crainte, car leurs actes sont monstrueux. Expliquez pourquoi les spectateurs des *Bonnes* peuvent éprouver ces sentiments.

Arrêt sur lecture 3

■ *Conclusion rédigée*

Ce dénouement est la conclusion d'un cycle ouvert au début de la pièce : les bonnes achèvent le jeu de rôle qui avait été interrompu. C'est aussi un renversement des relations entre les personnages, puisque Claire, qui était dominée au début de la pièce, devient le personnage dominant. Enfin, on peut affirmer que ce dénouement fait de la pièce une tragédie moderne. On y retrouve en effet des composantes essentielles de ce genre (des héros à la fois coupables et innocents, une fin malheureuse, un mélange de pitié et de terreur suscité chez les spectateurs). Mais la fatalité, qui prenait la forme d'une malédiction divine ou d'une passion dévorante dans les tragédies antiques et classiques, prend ici la forme d'un désir obsessionnel de mort.

Les trois questions de l'examinateur

Question 1. Comment comprenez-vous le geste de Claire ? Est-ce un signe de folie ? Est-ce la conséquence du dégoût d'elle-même ? Quelle explication proposeriez-vous ? Appuyez-vous sur votre connaissance de l'ensemble de l'œuvre pour répondre.

Question 2. Ce dénouement est le premier succès des bonnes. Rappelez toutes les tentatives de meurtre, symboliques ou non, qui ont échoué au cours de la pièce.

Question 3. Les tragédies ont un dénouement malheureux : elles s'achèvent souvent par la mort du héros. Donnez des exemples de tragédies dont vous résumerez le dénouement.

Le tour de l'œuvre en 8 fiches

Sommaire

Fiche 1	Jean Genet en 20 dates	79
Fiche 2	L'œuvre dans son contexte	80
Fiche 3	La structure de l'œuvre	81
Fiche 4	Les grands thèmes de l'œuvre	83
Fiche 5	Le texte théâtral et sa représentation	85
Fiche 6	*Les Bonnes*, une tragédie ?	87
Fiche 7	Le Nouveau théâtre	89
Fiche 8	Citations	91

Fiche 1

Jean Genet en 20 dates

1910	Naissance à Paris de père inconnu. Abandonné par sa mère, Genet est mis en nourrice chez un couple d'artisans dans le Morvan. Brillant élève. Premiers vols.
1922	À la mort de sa mère nourricière, Genet est placé en apprentissage.
1926	Après plusieurs fugues, arrestations et emprisonnements, Genet passe deux ans et demi dans la colonie pénitentiaire de Mettray, près de Tours.
1929	Engagement dans la légion étrangère.
1936	Il déserte, puis il parcourt l'Europe en se prostituant.
1938	De retour à Paris, il commet des vols et est incarcéré.
1942	En prison, début de la rédaction du récit *Notre-Dame-des-Fleurs* et de la pièce *Haute surveillance*. Publication du *Condamné à mort*, poème qui raconte son amour pour Maurice Pilorge, exécuté en 1939.
1943	Rencontre avec Jean Cocteau, qui a admiré *Le Condamné à mort*.
1944	Rencontre avec Jean-Paul Sartre, qui publiera en 1952 *Saint Genet, comédien et martyr*.
1947	**Création des *Bonnes*.**
1949	Publication de son autobiographie romancée, *Journal du voleur*.
1951	Début de la publication des *Œuvres complètes* chez Gallimard.
1955	Rédaction de trois pièces de théâtre : *Le Balcon*, *Les Nègres* et *Les Paravents*.
1958	Publication du *Funambule*, inspiré par son compagnon Abdallah Bentaga.
1964	Suicide d'Abdallah Bentaga. Genet déclare renoncer à la littérature.
1966	Création des *Paravents*, pièce qui suscite une vive polémique.
1968	Début de ses activités politiques : défense de l'homosexualité et dénonciation des prisons, notamment.
1983	Réception du Grand Prix national des Lettres.
1985	*Les Bonnes* entrent au répertoire de la Comédie-Française.
1986	Mort dans une chambre d'hôtel à Paris. Publication posthume du *Captif amoureux*, qui retrace ses séjours dans les camps palestiniens de Jordanie et du Liban.

Les Bonnes

Fiche 2
L'œuvre dans son contexte

Le traumatisme de la Seconde Guerre mondiale

Le 19 avril 1947, lorsque *Les Bonnes* sont jouées pour la première fois, **la Seconde Guerre mondiale est terminée depuis deux ans, mais le traumatisme** est encore vif. Sur le plan économique, les effets de la reconstruction ne se font pas encore sentir. Sur le plan politique, la IVe République, qui a moins d'un an, est contestée par les communistes comme par le général de Gaulle. Le gouvernement doit par ailleurs faire face à des soulèvements dans les colonies.

La question du sens

La guerre a aussi ébranlé des certitudes. La place de l'homme dans le monde et le sens de son existence deviennent des questions auxquelles les intellectuels et les artistes tentent de trouver des réponses. Albert Camus propose ainsi une réflexion sur l'absurdité de l'existence dans un essai, *Le Mythe de Sisyphe* (1942). Le sentiment de l'**absurde** vient selon lui de la confrontation entre l'irrationalité du monde et le désir de sens de l'homme. Jean-Paul Sartre, dans une conférence intitulée *L'existentialisme est un humanisme* (1946), affirme que ce sont les actions de l'homme qui donnent sens à sa vie et que l'individu n'est pas prédéterminé.

Les remises en cause littéraires

Dans ce contexte d'instabilité générale, la littérature est le terrain de remises en cause importantes. Pour certains écrivains, le roman devient un objet d'**expérimentation**. On conteste sa fonction traditionnelle de représentation du réel. Les notions de narrateur, d'auteur et même de personnage sont accusées d'être mensongères. Ces remises en cause donnent naissance à un courant littéraire, le **Nouveau roman**. En 1956, Nathalie Sarraute dresse un bilan de ces remises en cause dans *L'Ère du soupçon*. Le théâtre est aussi bouleversé par une nouvelle génération de dramaturges (➡ voir Fiche 7) à laquelle Genet appartient.

Genet, un écrivain en marge

Toutefois il ne faut pas surestimer l'influence du contexte historique, intellectuel et artistique sur Genet. C'est un être en marge depuis son enfance. Il n'appartient pas aux milieux littéraires traditionnels. De plus, il a passé une partie de sa jeunesse hors de France, comme militaire ou vagabond, et en prison, d'abord dans une colonie pénitentiaire pour enfant, puis à la maison d'arrêt de Fresnes. C'est lors de ces expériences qu'il a commencé à écrire (➡ voir Fiche 1).

Fiche 3

La structure de l'œuvre

La pièce n'est divisée ni en actes ni en scènes. C'est un choix d'écriture en rupture avec le théâtre traditionnel. Toutefois, cela ne signifie pas que la pièce n'est pas structurée. On peut proposer une division de l'œuvre en trois parties en se fondant sur la présence ou l'absence de Madame, le personnage à tuer, et subdiviser ces parties en se fondant sur d'autres événements. On observe alors que la longueur des parties diminue au fil de la pièce, conduisant les bonnes d'échec en échec et les précipitant vers une fin tragique.

	Sous-parties	Personnages	Situations
1re partie Sans Madame (p. 13-37)	Du début de la pièce à la sonnerie du réveil (p. 13-22)	Claire et Solange	Les deux sœurs miment le meurtre de Madame. Mais la sonnerie du réveil les empêche de jouer le rituel jusqu'au bout.
	De la sonnerie du réveil au coup de téléphone (p. 22-32)	Claire et Solange	Les deux sœurs discutent du rituel auquel elles viennent de se livrer, ce qui révèle l'ambivalence de leurs rapports, entre haine et amour. Elles évoquent aussi l'échec d'une première tentative d'assassinat de Madame. La sonnerie du téléphone est le signe de l'échec de leur machination: Monsieur est libéré.
	Du coup de téléphone à l'arrivée de Madame (p. 32-37)	Claire et Solange	Ressassant l'échec de leur première tentative d'assassinat, les bonnes décident de préparer l'empoisonnement de Madame.

Les Bonnes

	Sous-parties	Personnages	Situations
2ᵉ partie Avec Madame (p. 43-55)	De l'arrivée de Madame à la sortie de Solange (p. 43-51)	Claire, Solange et Madame	Madame exprime avec grandiloquence son désespoir et son désir de suivre Monsieur au bagne. Elle ne boit pas le tilleul empoisonné.
	De la sortie de Solange au départ de Madame (p. 51-55)	Claire et Madame	Apprenant par une inadvertance des bonnes que Monsieur est libéré, Madame passe du désespoir au bonheur et envoie Solange chercher un taxi. Claire ne parvient pas à lui faire boire le tilleul empoisonné.
3ᵉ partie Sans Madame (p. 61-72)	Du départ de Madame à l'empoisonnement de Claire (p. 61-72)	Claire, un moment seule, puis avec Solange	Voyant le taxi arriver, Madame quitte la scène, échappant aux bonnes. Confrontées à l'échec de leur machination, se sentant perdues, les bonnes rejouent le rituel du début de la pièce et le mènent jusqu'au bout: Claire, dans le rôle de Madame, pousse Solange à lui administrer le poison.

Les grands thèmes de l'œuvre

Les jeux de rôle

Lorsque la pièce commence, les spectateurs assistent sans le savoir à un jeu de rôle. Celle que l'on pense être Madame est en réalité une bonne, Claire, qui a emprunté les vêtements de sa maîtresse et imite son ton grandiloquent et méprisant. Celle que l'on pense être Claire est en réalité Solange, une autre bonne, la sœur de Claire. Elle n'a pas eu besoin de changer de costume pour jouer le personnage de Claire, car toutes deux portent la même robe noire de domestique. Le **déguisement** est la première étape de ce qu'elles appellent la **cérémonie**, au cours de laquelle celle qui joue la bonne, peu à peu, se révolte et tente de tuer Madame. Cette cérémonie est reprise à la fin de la pièce. C'est une façon pour elles de **changer d'identité**, de n'être plus de simples domestiques. Auprès de Madame, elles jouent aussi un rôle, celui des bonnes respectueuses, des domestiques domestiquées.

Sans se travestir, Madame, quant à elle, joue plusieurs rôles. Lorsqu'elle entre sur scène, elle joue la veuve éplorée, la sainte, la mère, avec la grandiloquence d'une tragédienne. Mais sa mesquinerie refait surface quand elle apprend que Monsieur est sorti de prison: elle demande alors à voir les comptes de la journée et remarque la poussière sur les meubles.

Ces jeux de rôles peuvent être interprétés comme le signe d'un malaise existentiel. Parce qu'elles n'ont pas d'identité propre ou du moins d'identité qui leur convienne, les trois femmes jouent des rôles qui leur permettent d'être reconnues par autrui.

L'humiliation des bonnes

Les bonnes se sentent humiliées par Madame. Lorsque celle-ci arrive sur scène, elle domine par son aisance et son éloquence. Elle donne des ordres, elle contredit les moindres remarques des bonnes. Même lorsqu'elle fait preuve de plus de douceur, elle est encore en position de domination: elle prend un ton maternel pour mieux montrer **sa supériorité condescendante**; elle donne une partie de sa garde-robe, mais fait ainsi d'autant plus sentir la différence de statut social. Après son départ, dans un bref monologue, Claire dit d'ailleurs que même la bonté de Madame les humilie: «Ainsi Madame nous tue avec sa douceur! Avec sa bonté, elle nous empoisonne.» (p. 61).

Cette humiliation est mise en scène lors de la cérémonie, mais on observe alors un renversement: celle qui joue la bonne humiliée se met à rabaisser Madame. C'est le cas au début de la pièce. Après avoir subi les propos méprisants de Madame, jouée alors par Claire, Solange, qui joue Claire, impose son choix de robe, puis, exaspérée, l'insulte et tente de la tuer. Le même scénario se reproduit à la fin de la pièce. Il s'agit là d'un double défoulement: d'une part, la bonne qui joue Madame se libère en jouant le rôle de celle qui l'humilie habituellement; d'autre part, sa sœur renverse les rôles, laissant libre cours à sa colère. Ce jeu est devenu une nécessité vitale: «Et moi, si je n'ai plus à cracher sur quelqu'un qui m'appelle Claire, mes crachats vont m'étouffer!», s'écrie Solange (p. 26).

La machination menée par les bonnes pour faire arrêter Monsieur est aussi un moyen d'humilier Madame en la faisant souffrir. Mais le stratagème fonctionne mal, puisque les bonnes sont obligées de reconnaître la **supériorité de Madame** même dans la douleur: «vois comme elle souffre bien, elle, comme elle souffre en beauté. La douleur la transfigure!» dit Solange à Claire (p. 31). La souffrance d'une bonne n'a au contraire rien d'admirable.

L'amour et la haine

Toutefois, **les bonnes n'éprouvent pas seulement de la haine envers Madame. Celle-ci suscite aussi leur fascination**. Elles prennent plaisir à se vêtir de ses robes, à passer du temps dans sa chambre. Claire ne s'exclame-t-elle pas: «L'armoire de Madame est sacrée. C'est sa grande penderie!» (p. 49)?

Ce mélange d'amour et de haine, les bonnes l'éprouvent aussi l'une envers l'autre. Par moments, les deux sœurs se manifestent de la tendresse. Elles sont en effet liées par le sang et par leur condition sociale. Mais elles se détestent aussi, car elles se renvoient l'une à l'autre l'image de leur médiocrité, de leur «crasse» (p. 26). Claire redoute la haine de sa sœur et craint, lorsqu'elle joue Madame, que Solange ne la tue réellement. «C'est moi que tu vises à travers Madame, c'est moi qui suis en danger», lui reproche-t-elle (p. 30).

Le meurtre

La pièce est construite sur l'obsession du meurtre de Madame. Il est sans cesse répété: les bonnes le jouent lors de la cérémonie, elles en parlent, elles le préparent en empoisonnant le thé de Madame. À la fin de la pièce, **le jeu rejoint la réalité** avec l'empoisonnement de Claire. Jusque-là, chaque répétition du meurtre a abouti à un échec: le réveil a interrompu la cérémonie, Solange n'a pas osé tuer Madame pendant son sommeil, Madame a refusé de boire le tilleul… La structure de la pièce met en évidence cette **succession d'échecs** (➡ voir Fiche 3). Une force implacable semble s'opposer aux bonnes. Apparaît donc un mécanisme tragique, c'est-à-dire inévitable, fatal, qui conduit à la mort de l'une d'entre elles.

La réussite du meurtre final confère aux bonnes une nouvelle position sociale. Elles ne sont plus de banales domestiques. Solange devient une **criminelle** et Claire une **victime**, deux statuts qu'elles considèrent paradoxalement comme préférables. Elles réalisent ainsi le vœu exprimé par Claire: «nous serons ce couple éternel, du criminel et de la sainte. Nous serons sauvées, Solange, je te le jure, sauvées» (p. 35).

Fiche 5

Le texte théâtral et sa représentation

La singularité du texte théâtral

Le texte d'une pièce de théâtre est composé de deux types d'éléments, **les répliques des personnages, prononcées par les comédiens, et les didascalies**, indications données par l'auteur pour jouer la pièce, concernant aussi bien le ton des répliques ou les mouvements des personnages que le décor ou les costumes. Le texte théâtral est ainsi un texte littéraire singulier par rapport au roman ou à la poésie. En effet, il est **destiné à être interprété** et ne constitue donc qu'un élément de la représentation. L'universitaire Anne Ubersfeld parle de texte «troué» ou «incomplet» que le metteur en scène doit compléter pour achever la pièce. La représentation demande un **travail de création** de la part du metteur en scène et des acteurs qu'il dirige. Il arrive que ceux-ci modifient le texte de l'auteur: la mise en scène choisie ne respecte pas toujours les didascalies et les répliques sont même parfois modifiées.

Les indications de mise en scène de Genet

L'abondance des didascalies montre que Genet avait en tête la représentation lorsqu'il a écrit *Les Bonnes*. Il était probablement soucieux d'éviter que le sens de son œuvre soit trahi par la mise en scène.

Le texte qui accompagne la pièce depuis 1963, «Comment jouer *Les Bonnes*», témoigne aussi de ce souci. À cette date, Genet a écrit trois autres pièces, *Le Balcon*, *Les Nègres* et *Les Paravents*. Il a alors des opinions plus précises sur la mise en scène et profite d'une nouvelle édition des *Bonnes* pour rédiger ce texte. Genet s'y livre à une **explication de sa propre pièce**. Il met en garde contre les contresens en précisant qu'il «ne s'agit pas d'un plaidoyer sur le sort des domestiques» mais au contraire d'un «conte» (p. 11). Il prévient les mises en scène trop lisses en affirmant que la pièce doit «établir une sorte de malaise dans la salle» (p. 11). Il n'hésite d'ailleurs pas à recourir à des expressions choquantes, voire obscènes pour faire comprendre l'**âpreté de son texte**. Il se fait aussi metteur en scène en donnant des indications de jeu, de costumes et même de choix des comédiennes.

Le théâtre dans le théâtre

Les scènes de théâtre dans le théâtre sont un des intérêts de la représentation des *Bonnes*. D'emblée, les spectateurs sont confrontés à des personnages n'interprétant pas leur propre rôle. Ce procédé a été fréquemment utilisé dans les pièces **baroques** aux XVIe et XVIIe siècles, pour interroger la réalité du monde: par le détour de l'illusion théâtrale, les dramaturges se demandaient si le monde n'était pas lui-même un théâtre, donc une **illusion**. Ce procédé a suscité un regain d'intérêt au XXe siècle. Cette technique permet, selon les auteurs, de piéger les spectateurs. Ici, elle sert le «malaise» souhaité par Genet, car l'identité des personnages devient incertaine et l'on ne sait pas jusqu'où peut aller le jeu mortel des bonnes.

La première représentation

Les Bonnes ont été représentées pour la première fois en 1947, dans une mise en scène de Louis Jouvet, acteur et metteur en scène reconnu à cette époque (➡ voir la photographie reproduite en début d'ouvrage, au verso de la couverture). Les bonnes sont interprétées par deux jeunes actrices, tandis que Madame est jouée par une actrice plus âgée. Leur jeu était vif, sans douceur, ce qui semble conforme aux indications données par Genet quelques années plus tard dans «Comment jouer Les Bonnes», où il recommande un jeu «furtif» (p. 9), une diction austère et rejette tout jeu de séduction. Toutefois, Genet a critiqué le choix de comédiennes trop jolies. Le décor était luxueux: tentures, tableaux, objets décoratifs... Dans la didascalie initiale, Genet indique que la chambre de Madame donne à voir son opulence.

On sait que cette première représentation de la pièce a déplu au public et à la critique, mais cela est moins imputable à la mise en scène qu'au caractère scandaleux de la pièce. Jouvet avait réussi à susciter dans la salle le «malaise» que souhaitait Genet.

Les représentations suivantes

Les Bonnes furent peu représentées dans les années 1950 et 1960. C'est à partir des années 1970 que le nombre de représentations s'est multiplié. L'esprit contestataire des années qui suivirent mai 1968 était sans doute plus enclin à apprécier Genet. Les metteurs en scène s'écartent alors des didascalies: apparaissent des représentations jouées par des hommes ou des décors éloignés de tout réalisme.

En 1991, Alain Ollivier est à l'origine d'une mise en scène dépouillée dont le décor est un espace presque vide. Le jeu des comédiennes devient essentiel pour la compréhension de la pièce. **En 2001, c'est Alfredo Arias qui propose sa version de la pièce**. Il joue lui-même le personnage de Madame dans un costume de pantin qui le rend inquiétant, presque monstrueux.

Entre-temps, la pièce est mise en scène par Philippe Adrien au théâtre du Vieux-Colombier en 1995 (➡ voir la photographie en début d'ouvrage, au verso de la couverture). Le décor, réaliste, représente la chambre d'une femme bourgeoise. Le metteur en scène ne cherche pas à effacer le suspens qui naît de l'intrigue. Mais, à ce réalisme, il mêle le fantastique. Les objets sont présentés comme la matérialisation des désirs des bonnes: par exemple, la fenêtre ouverte sur la liberté est murée quand les bonnes prennent conscience de leur échec. Cette entrée des Bonnes au répertoire de la Comédie-Française est un signe de reconnaissance par l'institution.

Fiche 6

Les Bonnes, une tragédie ?

Une tragédie moderne ?

La tragédie est un genre né au VIe siècle avant J.-C. en Grèce. À l'origine, les tragédies mettaient en scène des héros accablés par le destin, dont les souffrances étaient commentées par un chœur. Les représentations n'étaient pas seulement des divertissements, mais aussi des cérémonies civiques et religieuses. En France, ce genre est redécouvert en même temps que les autres textes antiques, à la Renaissance (XVIe siècle). Il s'impose **au XVIIe siècle avec des auteurs comme Corneille et Racine** et se poursuit au XVIIIe siècle.

Une tragédie met alors en scène des personnages, en principe supérieurs en raison de leur noblesse ou de leurs passions, attirés malgré eux vers le malheur par une force transcendante (la fatalité, le destin) et dont le sort suscite la pitié et la crainte des spectateurs. À la gravité du sujet et à la noblesse des personnages correspond un langage soutenu, en vers.

***Les Bonnes* ne sont certes pas une tragédie à la manière du XVIIe siècle**. Les personnages principaux ne sont pas des personnages nobles mais des bonnes, type important de personnages dans les comédies classiques. Loin d'être constamment soutenu, le langage utilisé mêle la grandeur à la grossièreté. Toutefois, certaines caractéristiques fondamentales de la tragédie sont présentes dans la pièce. Les héroïnes sont à la fois **innocentes et coupables**. Elles jouent à tuer Madame pendant la cérémonie, elles tentent même de l'assassiner en l'empoisonnant, mais elles ne parviennent pas à accomplir ce meurtre. Solange finit par empoisonner sa sœur, mais sous la contrainte de celle-ci. Ensuite, si la **fatalité** n'est pas d'origine divine comme dans les tragédies antiques, si elle n'a pas la forme d'une passion amoureuse irrépressible comme dans certaines tragédies de Racine, elle est présente sous une autre forme. Les bonnes oublient des objets qui les dénoncent, elles révèlent malgré elles la libération de Monsieur, alors que cette révélation les conduit à leur perte. La fatalité aurait ici une origine psychanalytique : l'inconscient serait cette force qui les conduit malgré elles vers le malheur. Enfin, **les spectateurs des *Bonnes* éprouvent des sentiments similaires à ceux qu'éprouvent les spectateurs de tragédie, un mélange de pitié et de terreur**. Les souffrances des bonnes éveillent la compassion, mais la monstruosité de leurs actes doit susciter la terreur.

Un drame moderne ?

Le mot « drame » peut avoir plusieurs sens. Dans son sens étymologique, il désigne toute pièce de théâtre. Dans un sens plus restreint, il désigne **un genre théâtral né en réaction aux règles du**

théâtre classique, qui opposaient la comédie et la tragédie. Diderot, au XVIIIᵉ siècle, est le premier à utiliser ce terme et à définir ce qu'il appelle le drame bourgeois, qui doit remplacer la tragédie et la comédie en mettant en scène des conflits de la vie quotidienne, plus proches des préoccupations du temps. Mais c'est avec les romantiques que le drame s'impose. Il présente une intrigue tragique, dont le dénouement est malheureux, mais dans laquelle sont introduits des **éléments réalistes et comiques**. Aujourd'hui, dans le langage courant, on utilise le mot « drame » pour désigner toute histoire qui finit mal. Le sens de ce mot se confond alors avec l'usage contemporain du mot « tragédie ». Mais, dans l'histoire littéraire, ce qui distingue le drame de la tragédie, c'est le mélange des genres.

Dans *Les Bonnes*, le mélange des genres naît des scènes avec Madame. Ce personnage, tout en outrance, peut faire sourire, voire franchement rire, selon les choix de mise en scène. Par exemple, quand elle affirme à ses domestiques qu'elles ont de la chance qu'on leur donne des robes alors qu'elle-même est obligée de les acheter, le décalage entre le discours et la réalité est un ressort comique. D'ailleurs, dans « Comment jouer *Les Bonnes* », Genet dit qu'elle est « bête » (p. 10). Il semble néanmoins refuser un jeu reposant sur de trop gros effets comiques, puisqu'il précise que Madame ne doit pas être une « caricature » (p. 10). *Les Bonnes* ont un autre point commun avec le drame : le choix de faire des domestiques les héroïnes peut rappeler le goût des dramaturges romantiques pour les personnages en marge de la société, insatisfaits de leur condition.

Les registres pathétique, satirique et comique

Le registre pathétique consiste en l'expression vive de la souffrance dans le but d'éveiller la pitié. Il est souvent présent dans les tragédies et les drames. La longue tirade de Solange à la fin de la pièce, qui commence sur le ton du défi et se termine sur celui du **désespoir**, est **pathétique**. Le sacrifice final de Claire a aussi une dimension pathétique.

Certains passages sont aussi emblématiques du registre satirique, registre de la raillerie, de la critique violente. Il est présent lorsque pour la critiquer, Claire « récite les bontés de Madame » au moment où elle quitte la scène. Il y a là une forme d'**humour noir**, d'**ironie**, qui correspond bien à la violence de la satire.

Le registre comique apparaît, de façon plus ou moins marquée selon les mises en scènes, dans les scènes avec Madame.

Ces catégories de genre et de registre sont héritées de l'histoire du théâtre. Elles ne conviennent pas parfaitement à Genet. En effet, comme les dramaturges de sa génération, il veut rompre avec le théâtre de ses prédécesseurs et est lui-même un auteur à part parmi ses pairs.

Fiche 7

Le Nouveau théâtre

Il est difficile, voire peu pertinent, de rattacher Genet à un courant littéraire précis: d'abord parce que c'est un auteur à part, mais aussi parce que, malgré des préoccupations communes, les jeunes dramaturges de l'après-guerre n'ont pas fondé un courant littéraire unique. Si, dès la fin des années 1940, apparaît une génération de dramaturges qui se distingue de la génération antérieure (Jean Giraudoux et Jean Anouilh) toujours appréciée du public, cette **nouvelle génération** regroupe des auteurs dont les styles sont très différents: il suffit pour s'en convaincre de lire les œuvres d'**Eugène Ionesco**, **Arthur Adamov**, **Samuel Beckett**, **Roland Dubillard** ou **Kateb Yacine**, par exemple. L'universitaire Michel Corbin a choisi l'expression assez large de «**Nouveau théâtre**» pour les désigner. On préférera cette expression à celle de «théâtre de l'absurde», qu'un critique anglais, Martin Esslin, avait utilisée pour désigner une partie de la production théâtrale de cette époque. En effet, il faut se garder de ranger sous l'étiquette de «théâtre de l'absurde» toutes les pièces de cette époque, et notamment les pièces de Genet. D'une part, cette appellation n'a pas été revendiquée par les auteurs eux-mêmes. D'autre part, elle ne convient qu'à certains dramaturges (Ionesco, Adamov et Beckett), dont la spécificité est de remettre en cause la fonction de communication du langage.

Les points communs de cette avant-garde

Les dramaturges du Nouveau théâtre veulent rompre avec le drame psychologique, la comédie traditionnelle ou encore les réécritures de tragédies antiques (*La guerre de Troie n'aura pas lieu* de Jean Giraudoux). Ils ont un goût pour la subversion et un esprit contestataire. Ils cherchent, chacun à leur manière, un **nouveau langage théâtral**. Le loufoque domine dans les pièces de Jean Tardieu. Dans celles d'Ionesco et de Beckett, la parole ne permet plus de lier les mots aux choses, ni d'assurer la communication entre les êtres. Dans *Les Bonnes*, le langage se caractérise par sa violence et par sa noblesse. Genet ne cherche pas à recréer artificiellement un parler populaire. Au contraire, ses bonnes parlent un langage soutenu, même si elles ont le sentiment d'une insuffisance par rapport à l'éloquence de Madame.

De plus, les dramaturges du Nouveau théâtre refusent de figer les personnages dans une psychologie artificielle. Les personnages sont parfois imprévisibles. La révélation de l'appel téléphonique de Monsieur, faite par inadvertance, peut en être un exemple. Le refus du réalisme et la référence au conte dans «Comment jouer *Les Bonnes*» peuvent aussi être compris comme un rejet de la cohérence psychologique des personnages.

Enfin, leur théâtre est souvent caractérisé par la révolte. Dans *Les Bonnes*, cette révolte apparaît quand les deux sœurs expriment le manque de reconnaissance de Madame et le dégoût qu'elles ont d'elles-mêmes. Toutefois, cette révolte n'est pas sociale au sens où, selon l'auteur lui-même, la pièce n'a pas pour but de prendre la défense des domestiques. Il s'agit davantage d'une révolte existentielle.

Un public déconcerté, voire scandalisé

Ces ruptures avec le théâtre traditionnel expliquent que le public soit déconcerté voire scandalisé par le Nouveau théâtre. Lors des premières représentations de *La Cantatrice chauve* d'Ionesco et d'*En attendant Godot* de Beckett, certains spectateurs quittent la salle avant la fin du spectacle. Selon Monique Mélinand, une des comédiennes des *Bonnes*, lors des premières représentations **en 1947, « il y a eu quatre ou cinq personnes qui ont applaudi, et le silence total »**.

Genet, un auteur à part

Si la chronologie rapproche Genet du Nouveau théâtre, il reste un auteur à part. Lecteur d'Antonin Artaud, Genet est aussi marqué par le rituel de la messe et les jeux des enfants, chargés de gravité.

Dans *Le Théâtre et son double* (1938), Antonin Artaud condamnait la psychologie et le divertissement pour prôner au contraire un **« théâtre de la cruauté »** comme expression de la souffrance existentielle. Il n'était pas satisfait des formes du théâtre traditionnel qui mettent en avant le texte et souhaitait un jeu davantage physique et visuel, comme dans le théâtre extrême-oriental. L'ouvrage d'Artaud a exercé une profonde influence sur ses contemporains et Genet est probablement l'auteur qui en est le plus proche. Les indications données dans « Comment jouer *Les Bonnes* » témoignent d'un refus des mises en scène traditionnelles. Le jeu rude des comédiennes lors de la première représentation va aussi dans ce sens. Quant aux propos haineux des bonnes, ils manifestent cette souffrance d'exister.

Apparaissent aussi dans la pièce des échos du rituel de la messe, qui est lui-même la répétition d'un sacrifice fondateur, celui de Jésus-Christ. La scène finale au cours de laquelle Claire se sacrifie en buvant le tilleul empoisonné en est l'illustration la plus nette. Le vocabulaire religieux des bonnes, qui transforment leur infamie en gloire, peut aller dans le même sens.

Enfin, le jeu à la manière des enfants est présent dans la pièce sous la forme de la « cérémonie », selon l'expression des bonnes. La pièce commence et se termine ainsi. Loin d'être un simple amusement, il est empreint de gravité. La limite avec le réel est parfois difficile à cerner. Ici, la cérémonie des bonnes devient la réalité.

Fiche 8

Citations

Les Bonnes

« CLAIRE. – Pensez-vous qu'il me soit agréable de me savoir le pied enveloppé par les voiles de votre salive ? » (p. 14).

« SOLANGE. – Elle nous aime comme ses fauteuils. Et encore ! Comme la faïence rose de ses latrines. Comme son bidet. » (p. 26).

« SOLANGE. – Vois, mais vois comme elle souffre bien, elle, comme elle souffre en beauté. La douleur la transfigure ! » (p. 31).

« CLAIRE. – J'en ai assez. Assez d'être l'araignée, le fourreau de parapluie, la religieuse sordide et sans Dieu, sans famille ! J'en ai assez d'avoir un fourneau comme autel. Je suis la pimbêche, la putride. À tes yeux aussi. » (p. 34).

« CLAIRE. – Mais j'en ai assez de ce miroir effrayant qui me renvoie mon image comme une mauvaise odeur. Tu es ma mauvaise odeur. » (p. 34).

« CLAIRE. – Solange, à nous deux, nous serons ce couple éternel, du criminel et de la sainte. Nous serons sauvées, Solange, je te le jure, sauvées. » (p. 35).

« CLAIRE. – Il faut rire. *(Elles rient aux éclats.)* Sinon le tragique va nous faire enlever par la fenêtre. » (p. 36).

« MADAME. – Pardon, ma petite Solange. Pardonne-moi. J'ai honte de réclamer du tilleul quand Monsieur est seul, sans nourriture, sans tabac, sans rien. » (p. 44).

« MADAME. – Monsieur n'est pas coupable mais s'il l'était, avec quelle joie j'accepterais de porter sa croix ! D'étape en étape, de prison en prison, et jusqu'au bagne je le suivrais. À pied s'il le faut. Jusqu'au bagne, jusqu'au bagne, Solange ! Que je fume ! Une cigarette ! » (p. 45).

« MADAME. – Vos gémissements me seraient insupportables. Votre gentillesse m'agace. Elle m'accable. Elle m'étouffe. Votre gentillesse qui depuis des années n'a jamais vraiment pu devenir affectueuse. » (p. 46).

« CLAIRE. – L'armoire de Madame, c'est pour nous comme la chapelle de la Sainte Vierge. » (p. 49).

« MADAME. – Ce soir je boirai du champagne. *(Elle va vers le plateau de tilleul. Claire remonte lentement vers le tilleul.)* Du tilleul ! Versé dans le service de gala ! Et pour quelle solennité ! » (p. 55).

> « CLAIRE. – Ainsi Madame nous tue avec sa douceur! Avec sa bonté, Madame nous empoisonne. Car Madame est bonne! Madame est belle! Madame est douce! Elle nous permet un bain chaque dimanche et dans sa baignoire. Elle nous tend quelquefois une dragée. Elle nous comble de fleurs fanées. » (p. 61).

> « CLAIRE. – Tu sais bien que les objets nous abandonnent. » (p. 62).

À propos des *Bonnes*

> « Une pièce pour temps de décadence. »
> Critique du *Figaro*, 1947.

> « Constamment fabriqué et artificiel. »
> Critique des *Lettres françaises*, 1947.

> « L'exceptionnelle violence des *Bonnes* n'est pas celle d'une satire sociale, elle est dans la structure même de l'univers de Genet [...]. L'erreur serait d'y voir du réalisme [...]. Le drame intérieur de la condition sociale est porté sur scène grâce à l'admirable invention de la "cérémonie", où les bonnes se dédoublent et poussent le jeu jusqu'à la découverte du salut. »
> Article de Jean-Jacques Riniéri paru à la création de la pièce, 1947.

> « Sans pouvoir dire au juste ce qu'est le théâtre, je sais ce que je lui refuse d'être: la description de gestes quotidiens vus de l'extérieur: je vais au théâtre afin de me voir, sur la scène (restitué en un seul personnage ou à l'aide d'un personnage multiple et sous forme de conte) tel que je ne saurais – ou n'oserais – me voir ou me rêver, et tel pourtant que je me sais être. »
> Jean Genet, « Comment jouer *Les Bonnes* », 1963 (p. 11).

> « Une chose doit être écrite: il ne s'agit pas d'un plaidoyer sur le sort des domestiques. »
> Jean Genet, « Comment jouer *Les Bonnes* », 1963 (p. 11).

Groupements de textes

Maîtres et serviteurs au théâtre

Plaute, *Le Soldat fanfaron*

Plaute (254-184 av. J.-C.) est un auteur latin de comédies. Dans *Le Soldat fanfaron*, il présente dès la première scène le personnage qui donne son titre à la pièce, le mercenaire vaniteux Pyrgopolinice. C'est un type de personnage qui existait déjà dans les comédies grecques et qui se retrouve dans des pièces ultérieures: c'est le Capitan de la *commedia dell'arte*, Chasteaufort dans *Le Pédant joué* de Cyrano de Bergerac ou encore Matamore dans *L'Illusion comique* de Corneille. Il est souvent accompagné d'un serviteur ironique: ici, il s'agit du parasite Artotrogus, qui flatte son protecteur mais n'est pas dupe de ses prétendus exploits.

PYRGOPOLINICE, *à la cantonade.* – Veillez à ce que l'éclat de mon bouclier soit plus vif que les rayons du soleil dans un ciel serein ! De telle façon que, le moment venu, une fois la mêlée engagée, il éblouisse dans la ligne de bataille les yeux des ennemis. Et sur ce, je veux consoler mon épée que voici, qu'elle ne gémisse pas, qu'elle ne se désole pas, si je la porte depuis longtemps déjà sans qu'elle ait rien à faire, elle qui est malheureuse et a grande envie de transformer les ennemis en chair à pâté. Mais où est Artotrogus ?

Artotrogus. – Il est là, près d'un héros vaillant et chéri de la Fortune, et d'une beauté royale. Et puis, un guerrier tel que Mars n'oserait se dire lui-même ni comparer ses vertus aux tiennes!

Pyrgopolinice. – Celui que j'ai sauvé dans les champs Charançonniens, où Bombomachidès Clutumistharidysarchidès, petit-fils de Neptune, commandait en chef?

Artotrogus. – Je m'en souviens; tu veux dire celui qui avait des rames d'or et dont tu dispersas les légions d'un souffle, comme le vent disperse des feuilles ou le jonc des toits!

Pyrgopolinice. – Tout cela, par Pollux, ce n'est rien.

Artotrogus. – Ce n'est rien, sans doute, au prix de ce que je pourrais dire… *(À part.)* et que tu n'as jamais fait! *(Au public.)* Si quelqu'un a vu plus grand menteur, ou plus vantard que cet homme-ci, je consens à devenir son esclave, je me remettrai à lui en pleine propriété. Mais il y a une chose: les olives confites qu'on mange, chez lui, sont extraordinaires!

Pyrgopolinice. – Où es-tu?

Artotrogus. – Me voici. Et, par Pollux, l'éléphant, dans l'Inde, comment tu lui as brisé un bras d'un coup de poing!

Pyrgopolinice. – Quoi, le bras?

Artotrogus. – J'ai voulu dire la cuisse.

Pyrgopolinice. – Et pourtant, j'avais frappé mollement.

Artotrogus. – Par Pollux, si tu y avais été de toutes tes forces, tu aurais traversé la peau, la chair et la gueule, d'un seul coup de poing.

Pyrgopolinice. – Ne parle point de cela pour l'instant.

Artotrogus. – Par Hercule, ce n'est pas nécessaire que tu me racontes tout cela, car je sais ta valeur. *(À part.)* C'est mon ventre qui me vaut toutes ces épreuves; il faut que mes oreilles absorbent tout, pour que mes dents ne me démangent pas, et il faut dire oui à tous ses mensonges.

Plaute, *Le Soldat fanfaron* [203 av. J.-C.], extrait de l'acte I, scène 1, trad. du latin par Pierre Grimal, dans *Théâtre complet II*, Gallimard, «Folio classique», 1991.

Molière, *Dom Juan*

Dans *Dom Juan*, Molière (1622-1673) met en scène un libertin qui donne son nom à la pièce. Le libertinage est un courant de pensée qui s'est développé en France au XVIIe siècle: sur le plan intellectuel, un libertin est un libre penseur qui remet en cause les dogmes établis et notamment les croyances religieuses; sur le plan des mœurs, c'est une personne qui s'adonne aux plaisirs charnels. C'est ce second sens qui prévaut aujourd'hui, mais au XVIIe siècle, les deux sens coexistent. Dom Juan ne respecte pas les dogmes religieux et c'est un séducteur qui passe d'une femme à l'autre, les abandonnant toutes après leur avoir promis le mariage ou les avoir épousées. Son valet Sganarelle n'approuve pas sa conduite et tente de lui faire comprendre sans risquer d'attirer la colère de son maître.

SGANARELLE. – Mais, Monsieur, cela serait-il de la permission que vous m'avez donnée, si je vous disais que je suis tant soit peu scandalisé de la vie que vous menez?

DOM JUAN. – Comment? quelle vie est-ce que je mène?

SGANARELLE. – Fort bonne. Mais, par exemple, de vous voir tous les mois vous marier comme vous faites…

DOM JUAN. – Y a-t-il rien de plus agréable?

SGANARELLE. – Il est vrai, je conçois que cela est fort agréable et fort divertissant, et je m'en accommoderais assez, moi, s'il n'y avait point de mal; mais, Monsieur, se jouer ainsi d'un mystère sacré[1], et…

DOM JUAN. – Va, va, c'est une affaire entre le Ciel et moi, et nous la démêlerons bien ensemble, sans que tu t'en mettes en peine.

SGANARELLE. – Ma foi! Monsieur, j'ai toujours ouï dire que c'est une méchante raillerie que de se railler du Ciel, et que les libertins ne font jamais une bonne fin.

DOM JUAN. – Holà! maître sot, vous savez que je vous ai dit que je n'aime pas les faiseurs de remontrances[2].

---

1. **Mystère sacré** : mariage.
2. **Remontrances** : reproches, réprimandes.

SGANARELLE. – Je ne parle pas aussi à vous, Dieu m'en garde. Vous savez ce que vous faites, vous ; et si vous ne croyez rien, vous avez vos raisons ; mais il y a de certains petits impertinents dans le monde, qui sont libertins sans savoir pourquoi, qui font les esprits forts, parce qu'ils croient que cela leur sied bien ; et si j'avais un maître comme cela, je lui dirais fort nettement, le regardant en face : « Osez-vous bien ainsi vous jouer au Ciel[1], et ne tremblez-vous point de vous moquer comme vous faites des choses les plus saintes ? C'est bien à vous, petit ver de terre, petit mirmidon[2] que vous êtes (je parle au maître que j'ai dit), c'est bien à vous à vouloir vous mêler de tourner en raillerie ce que tous les hommes révèrent ? Pensez-vous que pour être de qualité[3], pour avoir une perruque blonde et bien frisée, des plumes à votre chapeau, un habit bien doré, et des rubans couleur de feu (ce n'est pas à vous que je parle, c'est à l'autre), pensez-vous, dis-je, que vous en soyez plus habile homme, que tout vous soit permis, et qu'on n'ose vous dire vos vérités ? Apprenez de moi, qui suis votre valet, que le Ciel punit tôt ou tard les impies, qu'une méchante vie amène une méchante mort, et que… »

DOM JUAN. – Paix !

Molière, *Dom Juan* [1665], extrait de l'acte I, scène 2, Belin-Gallimard, « Classico », 2014.

Racine, *Phèdre*

Phèdre, tragédie classique de Racine (1639-1699), est l'histoire d'un amour interdit, celui de Phèdre pour son beau-fils Hippolyte, l'enfant que Thésée, son époux, avait eu d'une première union avec une Amazone. Se haïssant elle-même mais ne pouvant échapper à la fatalité de cet amour, Phèdre ne souhaite qu'une seule chose, mourir. Sa confidente Œnone, qui est aussi sa nourrice, s'inquiète pour elle et cherche

---

1. **Vous jouer au Ciel** : vous moquer du Ciel.
2. **Mirmidon** (familier) : petit homme sans importance (du nom d'un peuple légendaire).
3. **Pour être de qualité** : parce que vous êtes un homme de qualité.

à comprendre la cause de ce désir de mort. Pour la première fois dans la pièce, Phèdre révèle alors son amour incestueux.

ŒNONE

Madame, au nom des pleurs que pour vous j'ai versés,
Par vos faibles genoux que je tiens embrassés,
Délivrez mon esprit de ce funeste doute.

PHÈDRE

Tu le veux. Lève-toi.

ŒNONE

Parlez. Je vous écoute.

PHÈDRE

Ciel! que lui vais-je dire? Et par où commencer?

ŒNONE

Par de vaines frayeurs cessez de m'offenser.

PHÈDRE

Ô haine de Vénus! Ô fatale colère!
Dans quels égarements l'amour jeta ma mère[1]!

ŒNONE

Oublions-les, Madame. Et qu'à tout l'avenir
Un silence éternel cache ce souvenir.

PHÈDRE

Ariane, ma sœur! De quel amour blessée,
Vous mourûtes aux bords où vous fûtes laissée[2]?

ŒNONE

Que faites-vous, Madame? Et quel mortel ennui,
Contre tout votre sang vous anime aujourd'hui?

---

1. Phèdre fait ici référence à l'union de sa mère Pasiphaé et d'un taureau, de laquelle naquit le Minotaure.
2. Après avoir vaincu le Minotaure grâce à l'aide d'Ariane, la sœur de Phèdre, Thésée avait abandonné celle-ci sur une île lors de son retour chez lui.

Groupements de textes

Phèdre
Puisque Vénus le veut, de ce sang déplorable
Je péris la dernière, et la plus misérable[1].

Œnone
Aimez-vous ?

Phèdre
De l'amour j'ai toutes les fureurs.

Œnone
Pour qui ?

Phèdre
Tu vas ouïr le comble des horreurs.
J'aime… à ce nom fatal, je tremble, je frissonne.
J'aime…

Œnone
Qui ?

Phèdre
Tu connais ce fils de l'Amazone,
Ce prince si longtemps par moi-même opprimé ?

Œnone
Hippolyte ! Grands dieux !

Phèdre
C'est toi qui l'as nommé.

Œnone
Juste ciel ! tout mon sang dans mes veines se glace.
Ô désespoir ! Ô crime ! Ô déplorable race !
Voyage infortuné ! Rivage malheureux !
Fallait-il approcher de tes bords dangereux ?

Racine, *Phèdre* [1677], extrait de l'acte I, scène 3,
Belin-Gallimard, « Classico », 2010.

---

1. **Misérable** : malheureuse.

Marivaux, *L'Île des esclaves*

À la suite d'un naufrage, quatre personnages se retrouvent sur une île occupée par des esclaves révoltés, où les rôles sont inversés: les maîtres deviennent esclaves et inversement. Voilà l'argument de *L'Île des esclaves*, comédie de Marivaux (1688-1763). Avant le retour final à l'ordre établi, les maîtres découvrent donc la condition d'esclave et les esclaves peuvent profiter de leur situation. C'est ainsi qu'à la demande de Trivelin, un habitant de l'île, Cléanthis, une servante, prend un malin plaisir à dresser le portrait peu flatteur de celle qui était jusqu'à présent sa maîtresse, Euphrosine, en la présence de cette dernière.

TRIVELIN. – [...] En quoi donc, par exemple, lui trouvez-vous les défauts dont nous parlons?

CLÉANTHIS. – En quoi? partout, à toute heure, en tous lieux; je vous ai dit de m'interroger; mais par où commencer, je n'en sais rien, je m'y perds; il y a tant de choses, j'en ai tant vu, tant remarqué de toutes les espèces, que cela me brouille. Madame se tait, Madame parle; elle regarde, elle est triste, elle est gaie: silence, discours, regards, tristesse, et joie, c'est tout un, il n'y a que la couleur de différente; c'est vanité muette, contente ou fâchée; c'est coquetterie babillarde, jalouse ou curieuse; c'est Madame, toujours vaine ou coquette l'un après l'autre, ou tous les deux à la fois: voilà ce que c'est, voilà par où je débute, rien que cela.

EUPHROSINE. – Je n'y saurais tenir.

TRIVELIN. – Attendez donc, ce n'est qu'un début.

CLÉANTHIS. – Madame se lève, a-t-elle bien dormi, le sommeil l'a-t-il rendu belle, se sent-elle du vif, du sémillant[1] dans les yeux; vite sur les armes, la journée sera glorieuse: qu'on m'habille; Madame verra du monde aujourd'hui; elle ira aux spectacles, aux promenades, aux assemblées; son visage peut se manifester, peut soutenir le grand jour, il fera plaisir à voir, il n'y a qu'à le promener hardiment, il est en état, il n'y a rien à craindre.

TRIVELIN, *à Euphrosine.* – Elle développe assez bien cela.

---

1. **Sémillant** (adjectif employé ici comme nom): vif, pétillant.

Groupements de textes

CLÉANTHIS. – Madame, au contraire, a-t-elle mal reposé : Ah qu'on m'apporte un miroir ? comme me voilà faite ! que je suis mal bâtie ! Cependant on se mire, on éprouve son visage de toutes les façons, rien ne réussit ; des yeux battus, un teint fatigué ; voilà qui est fini, il faut envelopper ce visage-là, nous n'aurons que du négligé, Madame ne verra personne aujourd'hui, pas même le jour, si elle peut, du moins fera-t-il sombre dans la chambre. Cependant il vient compagnie, on entre : que va-t-on penser du visage de Madame ? on croira qu'elle enlaidit : donnera-t-elle ce plaisir-là à ses bonnes amies ? non, il y a remède à tout : vous allez voir. Comment vous portez-vous, Madame ? Très mal, Madame. J'ai perdu le sommeil ; il y a huit jours que je n'ai fermé l'œil ; je n'ose pas me montrer, je fais peur. Et cela veut dire : Messieurs, figurez-vous que ce n'est point moi, au moins ; ne me regardez pas, remettez à me voir ; ne me jugez pas aujourd'hui ; attendez que j'aie dormi. J'entendais tout cela, moi ; car nous autres esclaves, nous sommes doués contre nos maîtres d'une pénétration. Oh ! ce sont de pauvres gens pour nous.

Marivaux, *L'Île des esclaves* [1725], extrait de la scène 3, Belin-Gallimard, « Classico », 2010.

Beaumarchais, *Le Mariage de Figaro*

Le Mariage de Figaro est la suite d'une autre pièce de Beaumarchais (1732-1799), *Le Barbier de Séville*, dans laquelle Figaro avait aidé son maître, le comte Almaviva, à conquérir Rosine. Le Comte a épousé Rosine mais le temps a passé et son amour a perdu de sa force. Il aimerait bien faire de Suzanne, la future épouse de Figaro, sa maîtresse, en vertu du droit de cuissage selon lequel le seigneur pouvait exiger de passer la nuit de noces avec la femme d'un de ses sujets lors de leur mariage. Pour cela, il convainc Figaro que sa future femme va le tromper. Suzanne a effectivement fait passer un mot donnant rendez-vous au Comte au milieu même de la cérémonie du mariage, mais c'est pour mieux berner ce dernier. Dans la scène suivante, Figaro attend, seul, pensant piéger Suzanne. Il se livre alors à un monologue dans lequel il critique les injustices sociales.

Maîtres et serviteurs au théâtre

Figaro, *seul, se promenant dans l'obscurité, dit du ton le plus sombre.* – Ô femme ! femme ! femme ! créature faible et décevante !… nul animal créé ne peut manquer à son instinct ; le tien est-il donc de tromper ?… Après m'avoir obstinément refusé quand je l'en pressais devant sa maîtresse ; à l'instant qu'elle me donne sa parole, au milieu même de la cérémonie… Il riait en lisant, le perfide ! et moi, comme un benêt… Non, monsieur le Comte, vous ne l'aurez pas… vous ne l'aurez pas. Parce que vous êtes un grand seigneur, vous vous croyez un grand génie !… Noblesse, fortune, un rang, des places, tout cela rend si fier ! Qu'avez-vous fait pour tant de biens ? Vous vous êtes donné la peine de naître, et rien de plus. Du reste, homme assez ordinaire ! tandis que moi, morbleu ! perdu dans la foule obscure, il m'a fallu déployer plus de science et de calculs, pour subsister seulement, qu'on n'en a mis depuis cent ans à gouverner toutes les Espagnes ! et vous voulez jouter… On vient… c'est elle… ce n'est personne. – La nuit est noire en diable, et me voilà faisant le sot métier de mari, quoique je ne le sois qu'à moitié ! *(Il s'assied sur un banc.)* Est-il rien de plus bizarre que ma destinée ? Fils de je ne sais pas qui, volé par des bandits, élevé dans leurs mœurs, je m'en dégoûte et veux courir une carrière honnête ; et partout je suis repoussé !

Beaumarchais, *Le Mariage de Figaro* [1778], extrait de l'acte V, scène 3, Belin-Gallimard, « Classico », 2011.

Victor Hugo, *Ruy Blas*

Ruy Blas est un drame où se mêlent scènes comiques et scènes tragiques, conformément à l'esthétique théâtrale des écrivains romantiques. Victor Hugo (1802-1885) met en scène un valet, Ruy Blas, amoureux de la reine d'Espagne. Son maître, don Salluste, veut se venger de la reine, qui l'a banni. Connaissant l'amour de Ruy Blas pour la reine, avant de quitter le palais, il fait passer celui-ci pour un noble. En l'absence de don Salluste, Ruy Blas fait preuve de talent politique et devient un ministre estimé du roi. La reine apprécie aussi ses qualités et ils se révèlent leur amour réciproque. Mais c'est alors que don Salluste revient pour se venger et rappelle à Ruy Blas qu'il n'est que son valet.

Groupements de textes

Don Salluste, *posant la main sur l'épaule de Ruy Blas.*
Bonjour.

Ruy Blas, *effaré.*
À part.
Grand Dieu ! je suis perdu ! le marquis !

Don Salluste, *souriant.*
Je parie
Que vous ne pensiez pas à moi.

Ruy Blas
Sa seigneurie
En effet, me surprend.
À part.
Oh ! mon malheur renaît.
J'étais tourné vers l'ange et le démon venait.

Il court à la tapisserie qui cache le cabinet secret[1], et en ferme la petite porte au verrou ; puis il revient tout tremblant vers don Salluste.

Don Salluste
Eh bien ! comment cela va-t-il ?

Ruy Blas, *l'œil fixé sur don Salluste impassible, pouvant à peine rassembler ses idées.*
Cette livrée[2] ?…

Don Salluste, *souriant toujours.*
Il fallait du palais me procurer l'entrée.
Avec cet habit-là l'on arrive partout.
J'ai pris votre livrée et la trouve à mon goût.

Il se couvre. Ruy Blas reste tête nue.

Ruy Blas
Mais j'ai peur pour vous…

---

1. C'est par là que la reine est partie après avoir déclaré son amour à Ruy Blas.
2. Livrée : vêtement de valet que porte Don Salluste et que portait Ruy Blas au début de la pièce.

> **Don Salluste**
> Peur! Quel est ce mot risible?
>
> **Ruy Blas**
> Vous êtes exilé?
>
> **Don Salluste**
> Croyez-vous? C'est possible.
>
> **Ruy Blas**
> Si l'on vous reconnaît, au palais, en plein jour?
>
> **Don Salluste**
> Ah bah! des gens heureux, qui sont des gens de cour,
> Iraient perdre leur temps, ce temps qui sitôt passe,
> À se ressouvenir d'un visage en disgrâce!
> D'ailleurs, regarde-t-on le profil d'un valet?
>
> *Il s'assied dans un fauteuil, et Ruy Blas reste debout.*

Victor Hugo, *Ruy Blas* [1838], extrait de l'acte III, scène 5, Belin-Gallimard, «Classico», 2009.

Georges Feydeau, *Le Dindon*

Georges Feydeau (1862-1921) a écrit de nombreux vaudevilles, genre théâtral populaire né au XIXe siècle. L'intrigue est fondée sur le thème de l'adultère et la dramaturgie repose sur de nombreux coups de théâtre et quiproquos comiques. *Le Dindon* met en scène plusieurs couples qui se font et se défont au gré d'adultères réels ou seulement souhaités. Dans la scène suivante, Gérôme, le domestique, découvre que son jeune maître, Rédillon, vient à nouveau de passer la nuit avec une jeune femme, Armandine, une demi-mondaine. Mécontent, il le réprimande, plus à la manière d'un père que d'un domestique.

Gérôme, *entrant du fond, il tient, pliés sur son bras gauche, les vêtements de Rédillon et la jupe d'Armandine et leurs deux paires de bottines qu'il vient de cirer.* – Encore une jupe! toujours des jupes!… il est incorrigible! Mais qu'est-ce qu'il peut bien en faire, je me le demande.

Groupements de textes

La voilà, la jeunesse d'aujourd'hui ; on brûle la chandelle par les deux bouts ! On court !… Tout le monde court, il n'y a que moi que ne cours pas ! Ça s'appelle être dans le mouvement !…

Il va frapper à la porte de droite, 2ᵉ plan.

Voix de Rédillon. – Qu'est-ce que c'est ?

Gérôme. – C'est moi, Gérôme.

Rédillon, *passant la tête*. – Eh bien ! quoi ?

Gérôme. – Il est onze heures !

Rédillon. – Eh bien ! il est onze heures !…

Il lui referme la porte au nez.

Gérôme, *recevant la porte sur le nez*. – Oui ! *(À part.)* Et voilà… V'lan ! la porte sur le nez ! Un enfant que j'ai vu naître ! le respect s'en va… ! Et son père, mon frère de lait[1], qui m'a fait promettre en mourant de veiller sur lui !… Mais, mon pauvre Marcellin, comment veux-tu que je veille sur ton fils ! est-ce que j'ai une action sur lui ? est-ce qu'il m'écoute seulement ?… C'est comme si je disais au prince de Monaco de veiller sur l'Afrique… Quand je lui fais de la morale, il me traite de vieille ganache[2] et, en fin de compte, c'est encore moi qui suis obligé d'être le brosseur des demoiselles qu'il ramène ! *(On entend parler dans la chambre de Rédillon et la porte s'ouvre.)* Ah ! enfin ils se décident !

Gérôme sort par la porte 1ᵉʳ plan droit pour porter les vêtements et les bottines qu'il tient toujours.

Georges Feydeau, *Le Dindon* [1896], extrait de l'acte III, scène 1, Gallimard, « Folio théâtre », 2001.

---

1. **Frère de lait** : enfant qui a été allaité par la même nourrice qu'un autre enfant.
2. **Ganache** : imbécile.

Changements d'identité au théâtre

William Shakespeare, *Comme il vous plaira*

Plusieurs intrigues s'entremêlent dans *Comme il vous plaira*, comédie baroque de Shakespeare (1564-1616). Orlando et Rosalinde sont tombés amoureux l'un de l'autre dès qu'ils se sont vus. À la suite de rivalités, Orlando doit s'enfuir dans la forêt et le duc Frédérick chasse Rosalinde de la Cour. Celle-ci, déguisée en berger, se cache alors dans la forêt avec son amie Célia, déguisée en bergère. Le déguisement des deux jeunes filles provoque une série d'intrigues amoureuses et de quiproquos, renforcés par le fait qu'à cette époque, les rôles féminins étaient joués par des hommes. Toujours éperdument amoureux, Orlando rencontre Rosalinde mais ne la reconnaît pas, car elle continue de dissimuler son identité sous son déguisement de berger.

ROSALINDE. – […] Mais, franchement, est-ce vous qui accrochez dans les arbres ces poèmes où l'on voit Rosalinde si admirée ?

ORLANDO. – Oui, mon jeune ami, par la blanche main de Rosalinde je te le jure, c'est moi, cet infortuné, c'est bien moi.

ROSALINDE. – Mais êtes-vous aussi épris que le proclament vos rimes ?

ORLANDO. – Ni rimes ni raison ne sauraient dire à quel point.

ROSALINDE. – L'amour n'est qu'une folie. Et, c'est moi qui vous le dis, il mérite autant que les fous l'enfermement et le fouet. La raison pour laquelle on ne les administre pas, cette punition et ce traitement, c'est simplement que la démence amoureuse est si répandue que ceux qui donneraient le fouet sont des amoureux eux-mêmes. Moi, pourtant, je me fais fort de la guérir par de bons conseils.

ORLANDO. – Avez-vous jamais guéri quelqu'un de cette façon ?

ROSALINDE. – Oui, une fois, et ma façon, la voici. Il avait à s'imaginer que j'étais sa bien-aimée, sa maîtresse. J'attendais de lui qu'il me fasse sa cour exactement tous les jours. Et alors, ayant à être une petite inconstante, tour à tour je me lamentais ou me montrais drôle, j'étais changeante, capricieuse, et fière avec cela, et fantasque, et grimacière et superficielle, jamais la même : en larmes à un moment et tout sourire à un autre. Passionnée pour tout mais sans vraie passion pour rien, puisque c'est dans cette sorte de troupeau-là que vous les trouvez la plupart, garçons et filles. Et tantôt je l'aimais bien, tantôt je le snobais. Tantôt je lui faisais bon accueil, tantôt je lui disais non pour toujours. Tantôt je pleurais avec lui, tantôt je lui crachais au visage. Et c'est ainsi que j'ai mené mon soupirant de sa folie d'amoureux à une folie pure et simple. Il a dit non pour toujours au cours tumultueux du monde, il s'est mis à vivre en un trou parfaitement monacal. Voilà comment je l'ai guéri. Et c'est tout de même façon que je me fais fort de vous nettoyer le foie aussi sec qu'un cœur de mouton en pleine forme. Il n'y restera pas la moindre enflure d'amour.

ORLANDO. – Je ne voudrais pas guérir, mon petit.

ROSALINDE. – Que vous le vouliez ou non, je vous guérirai si seulement vous m'appelez Rosalinde et venez chaque jour me faire la cour dans ma chaumière.

ORLANDO. – Ah oui, j'en jure sur mon amour, je viendrai.

William Shakespeare, *Comme il vous plaira* [vers 1600], extrait de l'acte III, scène 2, trad. de l'anglais par Yves Bonnefoy, Librairie générale française, « Le livre de poche », 2009.

Pedro Calderón, *La vie est un songe*

La vie est un songe, pièce baroque de Calderón (1600-1681), propose une réflexion sur l'illusion et la réalité. Des personnages changent d'identité à plusieurs reprises. C'est le cas de Rosaure, une jeune femme qui a quitté son pays pour retrouver son père et l'homme qui lui a promis de l'épouser. Au début de la pièce, elle est apparue en habit d'homme. Puis, vêtue comme une femme, elle est entrée au service d'une princesse. La voici maintenant dans un costume de femme mais avec un manteau et des armes d'homme. Elle vient demander de l'aide au prince Sigismond pour reconquérir l'homme qu'elle aime, qui a prévu d'épouser la princesse à laquelle était destiné Sigismond.

Rosaure

Allons, courage, vaillant capitaine,
il nous importe à tous les deux
d'empêcher et de briser
ce mariage concerté :
à moi pour que celui que je dis mon époux
n'en épouse pas une autre,
et à toi, pour que leurs deux états
étant réunis,
par un pouvoir et une force accrus,
ils ne rendent pas notre victoire douteuse.
En femme, je viens te demander
de réparer mon honneur outragé ;
et je viens, en homme, t'encourager
à reprendre ta couronne.
En femme, je viens t'émouvoir,
en me jetant à tes pieds,
et je viens, en homme, me mettre à ton service
en allant rejoindre tes partisans.
En femme, je viens chercher ton secours
à mon outrage, à mes angoisses,
et je viens, en homme, te porter secours
avec mon glaive et ma personne.
Pense donc que si aujourd'hui
comme à une femme tu me fais la cour,
comme homme je te donnerai
la mort pour la juste défense
de mon honneur ; car je décide d'être,
en cette conquête d'amour,
femme pour te dire mes plaintes,
homme pour gagner l'honneur.

Pedro Calderón, *La vie est un songe* [1635], extrait de la troisième journée, trad. de l'espagnol par Bernard Sesé, GF-Flammarion, 1996.

Groupements de textes

Molière, *Le Bourgeois gentilhomme*

Dans *Le Bourgeois Gentilhomme*, comédie de Molière (1622-1673), Monsieur Jourdain, un riche bourgeois, ne rêve que d'une chose, devenir noble. Cela le conduit à refuser l'union de sa fille Lucile avec Cléonte, l'homme qu'elle aime, car celui-ci n'est pas gentilhomme. Cléonte décide alors de se jouer des rêves de noblesse de Monsieur Jourdain et de profiter de sa naïveté. Avec l'aide de son valet Covielle, il se déguise et change d'identité : il se fait passer pour le fils du Grand Turc. Il obtient ainsi le consentement de Monsieur Jourdain. Celui-ci va alors annoncer la nouvelle du mariage à sa famille et notamment à sa fille qui, dans un premier temps, ne reconnaît pas Cléonte et Covielle sous leurs déguisements.

Scène 5

MONSIEUR JOURDAIN, DORIMÈNE, DORANTE,
CLÉONTE, *en Turc*, COVIELLE, *déguisé.*

MONSIEUR JOURDAIN. – Où allez-vous donc ? Nous ne saurions rien dire sans vous. *(Montrant Cléonte.)* Dites-lui un peu que monsieur et madame sont des personnes de grande qualité qui lui viennent faire la révérence comme mes amis, et l'assurer de leurs services. *(À Dorimène et à Dorante.)* Vous allez voir comme il va répondre.

COVIELLE. – *Alabala crociam acci boram alabamen.*

CLÉONTE. – *Catalequi tubal ourin soter amalouchan.*

MONSIEUR JOURDAIN, *à Dorimène et à Dorante.* – Voyez-vous ?

COVIELLE. – Il dit que la pluie des prospérités arrose en tout temps le jardin de votre famille.

MONSIEUR JOURDAIN. – Je vous l'avais bien dit, qu'il parle turc !

DORANTE. – Cela est admirable.

Scène 6

LUCILE, MONSIEUR JOURDAIN, DORANTE,
DORIMÈNE, CLÉONTE, COVIELLE.

MONSIEUR JOURDAIN. – Venez, ma fille ; approchez-vous, et venez donner votre main à monsieur, qui vous fait l'honneur de vous demander en mariage.

Lucile. – Comment! mon père, comme vous voilà fait! Est-ce une comédie que vous jouez?

Monsieur Jourdain. – Non, non, ce n'est pas une comédie, c'est une affaire fort sérieuse, et la plus pleine d'honneur pour vous qui se peut souhaiter. *(Montrant Cléonte.)* Voilà le mari que je vous donne.

Lucile. – À moi, mon père?

Monsieur Jourdain. – Oui, à vous. Allons, touchez-lui dans la main, et rendez grâce au ciel de votre bonheur.

Lucile. – Je ne veux point me marier.

Monsieur Jourdain. – Je le veux, moi, qui suis votre père.

Lucile. – Je n'en ferai rien.

Monsieur Jourdain. – Ah! que de bruit! Allons, vous dis-je. Çà, votre main.

Lucile. – Non, mon père, je vous l'ai dit, il n'est point de pouvoir qui me puisse obliger à prendre un autre mari que Cléonte; et je me résoudrai plutôt à toutes les extrémités, que de… *(Reconnaissant Cléonte.)* Il est vrai que vous êtes mon père, je vous dois entière obéissance; et c'est à vous à disposer de moi selon vos volontés.

Monsieur Jourdain. – Ah! je suis ravi de vous voir si promptement revenue dans votre devoir; et voilà qui me plaît d'avoir une fille obéissante.

Molière, *Le Bourgeois gentilhomme* [1670], acte V, scènes 5 et 6, Belin-Gallimard, «Classico», 2011.

Marivaux, *Le Jeu de l'amour et du hasard*

Le Jeu de l'amour et du hasard est une comédie de Marivaux (1688-1763) qui repose sur un double travestissement. Dans cette pièce, selon le vœu de son père, Silvia doit épouser Dorante, mais elle ne souhaite pas qu'on lui impose un mari. Afin de pouvoir observer Dorante à son

Groupements de textes

aise, pour leur première rencontre, elle décide de prendre l'habit de sa servante Lisette, tandis que celle-ci se fera passer pour elle. Mais Dorante a eu la même idée : il a échangé ses habits contre ceux de son valet Arlequin. Que se passe-t-il alors, lorsque Silvia, déguisée en servante, rencontre Dorante, déguisé en valet ?

SILVIA, *à part*. – Ils se donnent la comédie, n'importe, mettons tout à profit, ce garçon-ci n'est pas sot, et je ne plains pas la soubrette qui l'aura ; il va m'en conter, laissons-le dire pourvu qu'il m'instruise.

DORANTE, *à part*. – Cette fille-ci m'étonne, il n'y a point de femme au monde à qui sa physionomie ne fît honneur, lions connaissance avec elle... *(Haut.)* Puisque nous sommes dans le style amical et que nous avons abjuré les façons[1], dis-moi, Lisette, ta maîtresse te vaut-elle ? elle est bien hardie d'oser avoir une femme de chambre comme toi.

SILVIA. – Bourguignon[2], cette question-là m'annonce que, suivant la coutume, tu arrives avec l'intention de me dire des douceurs, n'est-il pas vrai ?

DORANTE. – Ma foi, je n'étais pas venu dans ce dessein-là[3], je te l'avoue ; tout valet que je suis, je n'ai jamais eu de grande liaison avec les soubrettes, je n'aime pas l'esprit domestique ; mais à ton égard c'est une autre affaire ; comment donc, tu me soumets, je suis presque timide, ma familiarité n'oserait s'appriviser avec toi, j'ai toujours envie d'ôter mon chapeau de dessus ma tête, et quand je te tutoie, il me semble que je jure ; enfin j'ai un penchant à te traiter avec des respects qui te feraient rire. Quelle espèce de suivante es-tu donc avec ton air de princesse ?

SILVIA. – Tiens, tout ce que tu dis avoir senti en me voyant est précisément l'histoire de tous les valets qui m'ont vue.

DORANTE. – Ma foi, je ne serais pas surpris quand ce serait aussi l'histoire de tous les maîtres.

---

1. **Abjuré les façons** : renoncé définitivement à faire des manières.
2. Arlequin est originaire de Bourgogne, comme beaucoup de valets à cette époque.
3. **Ce dessein-là** : ce projet-là.

Silvia. – Le trait[1] est joli assurément ; mais je te le répète encore, je ne suis pas faite aux cajoleries de ceux dont la garde-robe ressemble à la tienne.

Dorante. – C'est-à-dire que ma parure ne te plaît pas ?

Silvia. – Non, Bourguignon ; laissons là l'amour, et soyons bons amis.

Dorante. – Rien que cela ? ton petit traité n'est composé que de deux clauses impossibles.

Silvia, *à part.* – Quel homme pour un valet ! *(Haut.)* Il faut pourtant qu'il[2] s'exécute ; on m'a prédit que je n'épouserai jamais qu'un homme de condition[3], et j'ai juré depuis de n'en écouter jamais d'autres.

Dorante. – Parbleu, cela est plaisant, ce que tu as juré pour homme, je l'ai juré pour femme, moi, j'ai fait serment de n'aimer sérieusement qu'une fille de condition.

Silvia. – Ne t'écarte donc pas de ton projet.

Dorante. – Je ne m'en écarte peut-être pas tant que nous le croyons, tu as l'air bien distingué, et l'on est quelquefois fille de condition sans le savoir.

Marivaux, *Le Jeu de l'amour et du hasard* [1730], extrait de l'acte I, scène 6, Belin-Gallimard, «Classico», 2011.

Jean Giraudoux, *Amphitryon 38*

Amphitryon 38 s'inspire d'une légende antique. C'est même la trente-huitième version de ce mythe selon Jean Giraudoux (1882-1944). Jupiter avait l'habitude de se métamorphoser pour séduire les mortelles. Pour conquérir Alcmène, une nuit, il se fait passer pour son mari Amphitryon, qui est au combat. Les spectateurs, qui connaissent la situation, perçoivent la gravité de la scène, le travestissement n'ayant pas toujours des conséquences plaisantes au théâtre.

---

1. **Trait** : mot d'esprit.
2. Le pronom «il» renvoie à «traité».
3. **De condition** : noble.

Jupiter. – Et que veux-tu ?

Alcmène. – Que nous prononcions, devant la nuit, les serments que nous n'avons jamais faits que de jour. Depuis longtemps j'attendais cette occasion. Je ne veux pas que ce beau mobilier des ténèbres, astres, brise, noctuelles[1], s'imagine que je reçois ce soir un amant. Célébrons notre mariage nocturne, à l'heure où se consomment tant de fausses noces… Commence…

Jupiter. – Prononcer des serments sans prêtres, sans autels, sur le vide de la nuit, à quoi bon !

Alcmène. – C'est sur les vitres qu'on grave les mots ineffaçables. Lève le bras.

Jupiter. – Si tu savais comme les humains paraissent pitoyables aux dieux, Alcmène, à déclamer leurs serments et brandir ces foudres sans tonnerre !

Alcmène. – S'ils font de beaux éclairs de chaleur, c'est tout ce qu'ils demandent. Lève la main, et l'index plié.

Jupiter. – Avec l'index plié ! Mais c'est le serment le plus terrible, et celui par lequel Jupiter évoque les fléaux[2] de la terre.

Alcmène. – Plie ton index, ou pars.

Jupiter. – Il faut donc que je t'obéisse. *(Il lève le bras.)* Contenez-vous, poix[3] célestes ! Sauterelles et cancers[4], au temps ! C'est cette enragée de petite Alcmène qui me contraint à ce geste.

Alcmène. – Je t'écoute.

Jupiter. – Moi, Amphitryon, fils et petit-fils de généraux passés, père et aïeul des généraux futurs, agrafe indispensable dans la ceinture de la guerre et de la gloire !

Alcmène. – Moi, Alcmène, dont les parents sont disparus, donc les enfants ne sont pas nés, pauvre maillon présentement isolé de la chaîne humaine !

---

1. **Noctuelles** : papillons de nuit.
2. **Évoque les fléaux** : fait apparaître les souffrances, les calamités.
3. **Poix** : feux.
4. **Cancers** : crabes.

Changements d'identité au théâtre

Jupiter. – Je jure de faire en sorte que la douceur du nom d'Alcmène survive aussi longtemps que le fracas du mien !

Alcmène. – Je jure d'être fidèle à Amphitryon, mon mari, ou de mourir !

Jupiter. – De quoi ?

Alcmène. – De mourir.

Jupiter. – Pourquoi appeler la mort où elle n'a que faire ! Je t'en supplie. Ne dis pas ce mot. Il a tant de synonymes, mêmes heureux. Ne dis pas mourir !

Alcmène. – C'est dit. Et maintenant, cher mari, trêve de paroles. La cérémonie est finie et je t'autorise à monter… Que tu as été peu simple, ce soir ! Je t'attendais, la porte était ouverte. Tu avais juste à la pousser… Qu'as-tu, tu hésites ? Tu veux peut-être que je t'appelle amant ? Jamais, te dis-je !

Jupiter. – Il faut vraiment que j'entre, Alcmène ? Vraiment, tu le désires ?

Alcmène. – Je te l'ordonne, cher amour !

Jean Giraudoux, *Amphitryon 38* [1929], extrait de l'acte I, scène 6,
Librairie générale française, « Le livre de poche », 1994 © Fondation de France.

Groupements de textes

Questions sur les groupements de textes

■ Maîtres et serviteurs au théâtre

1. Quels rapports les serviteurs entretiennent-ils avec leurs maîtres ? Pouvez-vous observer une évolution des rapports entre maîtres et valets au fil des siècles ?

TICE 2. À l'aide d'un moteur de recherche, trouvez des images de mises en scène des pièces du corpus. Sélectionnez-en trois. Présentez le résultat de votre recherche dans un dossier que vous rédigerez à l'aide d'un logiciel de traitement de texte. Vous y décrirez chacune des photographies en précisant les choix faits par les différents metteurs en scène et en fondant vos remarques sur les attitudes des comédiens, leurs costumes, leurs accessoires. Ayez soin d'indiquer vos sources.

■ Changements d'identité au théâtre

1. Quels sont les effets des travestissements des personnages sur les spectateurs dans ces extraits ? Vous serez notamment attentif aux effets propres à la double énonciation au théâtre.

TICE 2. À l'aide d'un moteur de recherche ainsi que du site du musée du Louvre, **www.louvre.fr**, et du site Joconde, **www.culture.gouv.fr/documentation/joconde/fr/pres.htm**, trouvez des images de vanités, d'anamorphoses et/ou de trompe-l'œil. Préparez un dossier contenant trois images de votre choix. Précisez vos sources, les titres et les dates des œuvres ainsi que les noms des peintres. Sous chaque image, rédigez un paragraphe expliquant comment ces peintures interrogent l'illusion du monde qui nous entoure.

Vers l'écrit du Bac

L'épreuve écrite du Bac de français s'appuie sur un corpus (ensemble de textes et de documents iconographiques). Le sujet se compose de deux parties : une ou deux questions portant sur le corpus puis trois travaux d'écriture au choix (commentaire, dissertation, écriture d'invention).

Sujet **Le théâtre dans le théâtre**

☞ **Le texte théâtral et sa représentation, du XVIIe siècle à nos jours**

Corpus	
Texte A	Pierre Corneille, *L'Illusion comique*
Texte B	Marivaux, *Les Acteurs de bonne foi*
Texte C	Luigi Pirandello, *Six personnages en quête d'auteur*
Texte D	Jean Genet, *Les Bonnes*
Annexe	Mise en scène des *Bonnes* par Alain Timar

Vers l'écrit du Bac

Texte A
Pierre Corneille, *L'Illusion comique* (1635)

Pridamant est à la recherche de son fils, Clindor. Sans autre recours, il consulte Alcandre, magicien qui fait défiler sous ses yeux la vie et la mort de Clindor. Mais celle-ci est-elle réelle ?

ALCANDRE
Ainsi de notre espoir la fortune[1] se joue ;
Tout s'élève ou s'abaisse au branle[2] de sa roue,
Et son ordre inégal qui régit l'univers
Au milieu du bonheur a ses plus grands revers.

PRIDAMANT
Cette réflexion mal propre pour un père
Consolerait peut-être une douleur légère.
Mais, après avoir vu mon fils assassiné,
Mes plaisirs foudroyés, mon espoir ruiné,
J'aurais d'un si grand coup l'âme bien peu blessée,
Si de pareils discours m'entraient dans la pensée.
Hélas ! dans sa misère il ne pouvait périr.
Et son bonheur fatal lui seul l'a fait mourir !
N'attendez pas de moi des plaintes davantage :
La douleur qui se plaint cherche qu'on la soulage ;
La mienne court après son déplorable sort.
Adieu, je vais mourir, puisque mon fils est mort.

ALCANDRE
D'un juste désespoir l'effort est légitime,
Et de le détourner je croirais faire un crime.
Oui, suivez ce cher fils sans attendre à demain,
Mais épargnez du moins ce coup à votre main :
Laissez faire aux douleurs qui rongent vos entrailles,
Et, pour les redoubler, voyez ses funérailles.

On tire un rideau et on voit tous les comédiens qui partagent leur argent.

---
1. Fortune : destinée, hasard.
2. Branle : mouvement. La fortune est traditionnellement représentée sous les traits d'une femme qui pousse une roue.

Le théâtre dans le théâtre

PRIDAMANT
Que vois-je ! chez les morts compte-t-on de l'argent ?

ALCANDRE
Voyez si pas un d'eux s'y montre négligent !

PRIDAMANT
Je vois Clindor, Rosine. Ah ! Dieu ! quelle surprise !
Je vois leur assassin, je vois sa femme et Lyse !
Quel charme[1] en un moment étouffe leurs discords[2]
Pour assembler ainsi les vivants et les morts ?

ALCANDRE
Ainsi, tous les acteurs d'une troupe comique[3],
Leur poème récité, partagent leur pratique[4].
L'un tue et l'autre meurt, l'autre vous fait pitié,
Mais la scène préside à leur inimitié ;
Leurs vers font leur combat, leur mort suit leurs paroles,
Et sans prendre intérêt en pas un de leurs rôles[5],
Le traître et le trahi, le mort et le vivant
Se trouvent à la fin amis comme devant[6].
Votre fils et son train[7] ont bien su, par leur fuite
D'un père et d'un prévôt[8] éviter la poursuite ;
Mais tombant dans les mains de la nécessité[9],
Ils ont pris le théâtre[10] en cette extrémité.

PRIDAMANT
Mon fils comédien !

Pierre Corneille, *L'Illusion comique*,
extrait de l'acte V, scène 6.

---

1. **Charme** : sortilège.
2. **Discords** : désaccords.
3. **Comique** : de comédiens.
4. **Pratique** : recette.
5. **Et sans prendre intérêt en pas un de leurs rôles** : Et sans se soucier d'aucun de leur rôle.
6. **Devant** : avant.
7. **Son train** : ses compagnons.
8. **Prévôt** : officier de justice.
9. **Nécessité** : pauvreté.
10. **Ils ont pris le théâtre** : ils sont devenus comédiens.

Vers l'écrit du Bac

Texte B
Marivaux, *Les Acteurs de bonne foi* (1757)

À l'occasion du mariage de son maître, le valet de chambre Merlin prépare la représentation d'une comédie avec d'autres domestiques : Blaise, le fils du fermier, qui doit épouser Colette, la fille du jardinier et Lisette, une suivante, qui est la fiancée de Merlin. Pour la pièce, Merlin imagine de faire courtiser Lisette par Blaise, tandis que lui-même courtisera Colette. Les personnages improvisent pendant la répétition.

Scène 3
MERLIN, LISETTE, COLETTE ET BLAISE, *assis*.

[…]

MERLIN. – Ne perdons point le temps à nous interrompre ; va-t'en, Lisette : voici Colette qui entre pendant que tu sors, et tu n'as plus que faire ici. Allons, poursuivons ; reculez-vous un peu, Colette, afin que j'aille au-devant de vous.

Scène 4
MERLIN, COLETTE, LISETTE ET BLAISE, *assis*.

MERLIN. – Bonjour, ma belle enfant, je suis bien sûr que ce n'est pas moi que vous cherchez.

COLETTE. – Non, Monsieur Merlin, mais ça n'y fait rien, je suis bien aise de vous y trouver.

MERLIN. – Et moi, je suis charmé de vous rencontrer, Colette.

COLETTE. – Ça est bien obligeant.

MERLIN. – Ne vous êtes-vous pas aperçu du plaisir que j'ai à vous voir ?

COLETTE. – Oui, mais je n'ose pas bonnement m'apercevoir de ce plaisir-là, à cause que j'y en prenais aussi.

MERLIN, *interrompant*. – Doucement, Colette, il n'est pas décent[1] de vous déclarer si vite.

---

1. **Il n'est pas décent** : il n'est pas correct.

Colette. – Dame, comme il faut avoir de l'amiquié pour vous dans cette affaire-là, j'ai cru qu'il n'y avait point de temps à perdre.

Merlin. – Attendez que je me déclare tout à fait, moi.

Blaise, *interrompant de son siège*. – Voyez en effet comme alle se presse, an dirait qu'alle y va de bon jeu, je crois que ça m'annonce du guignon[1].

Lisette, *assise et interrompant*. – Je n'aime pas trop cette saillie-là, non plus.

Merlin. – C'est qu'elle ne savait pas mieux faire.

Colette. – Eh bien, velà ma pensée tout sens dessus dessous ; pisqu'ils me blâmont, je sis trop timide pour aller en avant, s'ils ne s'en vont pas.

Merlin. – Éloignez-vous donc pour l'encourager.

Blaise, *se levant de son siège*. – Non morguié[2] je ne veux pas qu'alle ait du courage, moi ; je veux tout entendre.

Lisette, *assise et interrompant*. – Il est vrai, ma mie, que vous êtes plaisante de vouloir que nous nous en allions.

Colette. – Pourquoi aussi me chicanez-vous[3] ?

Blaise, *interrompant, mais assis*. – Pourquoi te hâtes-tu tant d'être amoureuse de Monsieur Merlin ? Est-ce que tu en sens de l'amour ?

Colette. – Mais vrament je sis bien obligée d'en sentir, pisque je sis obligée d'en prendre dans la comédie. Comment voulez-vous que je fasse autrement ?

Lisette, *assise, interrompant*. – Comment, vous aimez réellement Merlin ?

Colette. – Il faut bien, pisque c'est mon devoir.

---

1. **Guignon** : malchance.
2. **Morguié** : juron.
3. **Me chicanez-vous** : me tracassez-vous.

Vers l'écrit du Bac

MERLIN, *à Lisette.* – Blaise et toi, vous êtes de grands innocents tous deux ; ne voyez-vous pas qu'elle s'explique mal ? Ce n'est pas qu'elle m'aime tout de bon, elle veut dire seulement qu'elle doit faire semblant de m'aimer, n'est-ce pas, Colette ?

COLETTE. – Comme vous voudrez, Monsieur Merlin.

Marivaux, Les Acteurs de bonne foi.

Texte C
Luigi Pirandello, *Six personnages en quête d'auteur* (1921)

Au début de la pièce de Pirandello *Six personnages en quête d'auteur*, une troupe d'acteurs répète *Le Jeu des rôles*, pièce que Pirandello avait réellement écrite en 1918.

LE SOUFFLEUR, *lisant comme précédemment.* – « Au lever du rideau, Léon Gala, qui a un bonnet de cuisinier et un tablier, est occupé à battre, avec une petite louche en bois, un œuf dans un bol. Philippe en bat un autre, habillé lui aussi en cuisinier. Guy Venanzi écoute, assis. »

LE PREMIER ACTEUR, *au Directeur.* – Excusez-moi : je dois vraiment me mettre un bonnet de cuisinier sur la tête ?

LE DIRECTEUR, *irrité par cette observation.* – Je crois bien ! Si c'est écrit là !

Il indique le manuscrit.

LE PREMIER ACTEUR. – Mais c'est ridicule, je vous demande pardon !

LE DIRECTEUR, *sautant sur ses pieds, furieux.* – « Ridicule ! Ridicule ! » Que voulez-vous que j'y fasse, moi, s'il ne nous arrive plus de France une seule bonne pièce, et si nous en sommes réduits à monter des pièces de Pirandello : bien malin qui le comprend, celui-là, et ses pièces faites exprès de telle sorte que ni les acteurs, ni les critiques, ni le public n'en soient jamais contents !

Les Acteurs rient. Et lui alors, se levant
et s'approchant du Premier Acteur, il crie :

Le théâtre dans le théâtre

Le bonnet de cuisinier, oui Monsieur ! Et battez les œufs ! Vous croyez qu'avec ces œufs que vous battez, vous êtes sorti d'affaire ? Vous êtes dans de jolis draps ! Il va vous falloir représenter la coquille des œufs que vous battez !

Les Acteurs recommencent à rire et se mettent à faire, entre eux, des commentaires ironiques.

Silence ! Et écoutez quand j'explique !

S'adressant de nouveau au Premier Acteur :

Oui Monsieur, la coquille : c'est-à-dire la forme vide de la raison, sans la substance de l'instinct, qui est aveugle ! Vous, vous êtes la raison, et votre femme, l'instinct : cela, dans un jeu de rôles fixés d'avance, de sorte que vous, qui représentez votre rôle, vous êtes volontairement le pantin de vous-même. Vous avez compris ?

LE PREMIER ACTEUR, *ouvrant les bras.* — Moi ? Non !

LE DIRECTEUR, *retournant à sa place.* — Et moi non plus !

Luigi Pirandello, *Six personnages en quête d'auteur*,
trad. de l'italien par Robert Perroud, © LGF.

Texte D
Jean Genet, *Les Bonnes* (1954)

L'extrait suivant se situe au début de la pièce, lors de la cérémonie. Claire joue le rôle de Madame et Solange celui de Claire. Les spectateurs ne savent pas qu'ils assistent à un jeu de rôle.

CLAIRE. — Je t'interdis !

SOLANGE. — M'interdire ! Plaisanterie ! Madame est interdite. Son visage se décompose. Vous désirez un miroir ?

Elle tend à Claire un miroir à main.

CLAIRE, *se mirant avec complaisance.* — J'y suis plus belle ! Le danger m'auréole, Claire, et toi tu n'es que ténèbres…

SOLANGE. — … infernales ! Je sais. Je connais la tirade. Je lis sur votre visage ce qu'il faut vous répondre et j'irai jusqu'au bout. Les deux bonnes sont là – les dévouées servantes ! Devenez plus belle pour les mépriser. Nous ne vous craignons plus. Nous sommes enveloppées, confondues dans nos exhalaisons, dans nos fastes, dans notre haine pour vous. Nous prenons forme, Madame. Ne riez pas. Ah ! surtout ne riez pas de ma grandiloquence…

CLAIRE. – Allez-vous-en.

SOLANGE. – Pour vous servir, encore, Madame ! Je retourne à ma cuisine. J'y retrouve mes gants et l'odeur de mes dents. Le rot silencieux de l'évier. Vous avez vos fleurs, j'ai mon évier. Je suis la bonne. Vous au moins vous ne pouvez pas me souiller. Mais vous ne l'emporterez pas en paradis. J'aimerais mieux vous y suivre que de lâcher ma haine à la porte. Riez un peu, riez et priez vite, très vite ! Vous êtes au bout du rouleau ma chère ! *(Elle tape sur les mains de Claire qui protège sa gorge.)* Bas les pattes et découvrez ce cou fragile. Allez, ne tremblez pas, ne frissonnez pas, j'opère vite et en silence. Oui, je vais retourner à ma cuisine, mais avant je termine ma besogne.

> *Elle semble sur le point d'étrangler Claire. Soudain un réveille-matin sonne. Solange s'arrête. Les deux actrices se rapprochent, émues, et écoutent, pressées l'une contre l'autre.*

Déjà ?

CLAIRE. – Dépêchons-nous. Madame va rentrer. *(Elle commence à dégrafer sa robe.)* Aide-moi. C'est déjà fini, et tu n'as pas pu aller jusqu'au bout.

Jean Genet, *Les Bonnes*, © Gallimard.

Annexe
Mise en scène des *Bonnes* par Alain Timar (2006)

➡ Image reproduite en fin d'ouvrage, au verso de la couverture.

Le théâtre dans le théâtre

■ *Questions sur le corpus*
(4 points pour les séries générales ou 6 points pour les séries technologiques)

1. Le théâtre dans le théâtre consiste à intégrer dans une pièce de théâtre la représentation d'une autre pièce. Décrivez le fonctionnement de ce procédé dans chaque extrait.

2. Dites quels effets les dramaturges cherchent à produire sur les spectateurs en utilisant cette technique. Vous vous servirez aussi de l'annexe.

■ *Travaux d'écriture*
(16 points pour les séries générales ou 14 points pour les séries technologiques)

Commentaire (séries générales)

Vous ferez le commentaire du texte de Corneille, extrait de *L'Illusion comique* (texte A).

Commentaire (séries technologiques)

Vous ferez le commentaire de l'extrait des *Acteurs de bonne foi* de Marivaux (texte B) en vous aidant du parcours de lecture suivant : vous analyserez d'abord les sources du comique de la scène, puis vous montrerez que cette scène de théâtre dans le théâtre interroge la limite entre illusion et réalité.

Dissertation

Dans un ouvrage général sur le théâtre de Jean Duvignaud et Jean Lagoutte, il est écrit que le vrai public est celui qui va au théâtre pour « passer une soirée ». Pensez-vous aussi que le théâtre est un divertissement ?

Vous répondrez à cette question en vous appuyant sur les documents du corpus (textes et annexe), sur les textes que vous avez étudiés en classe, sur vos lectures personnelles ainsi que sur les représentations théâtrales que vous avez pu voir.

Vers l'écrit du Bac

Écriture d'invention

Un metteur en scène et sa troupe répètent la scène des *Bonnes* reproduite dans le corpus (texte D). Les comédiens essaient des mouvements et des tons différents. Le metteur en scène donne des indications. Tous essaient de trouver le meilleur dispositif scénographique pour représenter la scène.

Écrivez cette scène de répétition comme un texte de théâtre. Vous pourrez vous inspirer de la photographie en annexe (image reproduite en fin d'ouvrage, au verso de la couverture).

Fenêtres sur...

 Des ouvrages à lire

La vie et l'œuvre de Genet
- Jean Genet, *Journal du voleur* [1949], Gallimard, «Folio», 1982.
- Arnaud Malgorn, *Jean Genet, portrait d'un marginal exemplaire*, Gallimard, «Découvertes», 2002.

Le théâtre de Genet
- *Le Balcon* [1956], Gallimard, «Folio théâtre», 2002.
- *Les Nègres* [1958], Gallimard, «Folio théâtre», 2005.
- *Les Paravents* [1961], Gallimard, «Folio théâtre», 2000.

Le théâtre en France à l'époque des *Bonnes*
- Jean Tardieu, *Un mot pour un autre* [1951], dans *Quatre courtes pièces*, Belin-Gallimard, «Classico», 2011.
- Eugène Ionesco, *La Cantatrice chauve* [1952], Belin-Gallimard, «Classico», 2009.
- Samuel Beckett, *En attendant Godot*, Éditions de Minuit, «Théâtre», 1952.

Fenêtres sur…

Ouvrages théoriques sur le théâtre

- Antonin Artaud, *Le Théâtre et son double* [1938], Flammarion, « Folio Essais », 1985.
- André Degaine, *Histoire du théâtre dessinée*, Nizet, 1992.
- Michel Corvin, *Dictionnaire encyclopédique du théâtre à travers le monde*, Bordas, 2008.

Des films à voir

(Les œuvres citées ci-dessous sont disponibles en DVD.)

- *La Cérémonie* de Claude Chabrol, avec Sandrine Bonnaire et Isabelle Huppert, 1995.
- *Les Blessures assassines* de Jean-Pierre Denis, avec Sylvie Testud et Julie-Marie Parmentier, 2000.

@ Des sites Internet à consulter

Sur ces sites, vous pouvez découvrir différentes mises en scène des *Bonnes*.

Mise en scène de Philippe Adrien (1995)

- http://www.ina.fr/art-et-culture/arts-du-spectacle/video/CAB97143815/invitee-plateau-catherine-hiegel.fr.html
- http://www.ina.fr/art-et-culture/arts-du-spectacle/video/CAC95065720/les-bonnes-vu-par-sandrine-bonnaire.fr.html
- http://www.ina.fr/art-et-culture/arts-du-spectacle/video/CAB97143816/extrait-les-bonnes.fr.html

Mise en scène d'Alain Timar (2006)

- http://www.theatredeshalles.com/archives/spectacle-les-bonnes.php

Glossaire

Dénouement: résolution, heureuse ou malheureuse, de l'intrigue.

Dialogue: échange de répliques entre plusieurs personnages.

Didascalies: ensemble des indications données par l'auteur pour jouer la pièce (indications de décor, de mouvements, de ton…). Elles ne sont pas prononcées par les comédiens. Il arrive que les personnages donnent, dans leurs répliques, des indications sur leurs gestes, le lieu où ils se trouvent… : on parle alors de didascalies internes.

Double énonciation: sur scène, les personnages échangent des paroles, mais ils le font en présence du public. Les paroles des personnages ont donc deux destinataires, les autres personnages sur scène et le public dans la salle. On peut aussi considérer qu'il y a deux émetteurs, les personnages sur scène et l'auteur de la pièce. La double énonciation permet à l'auteur de donner au spectateur les informations dont il a besoin pour la compréhension de l'intrigue. Un de ses effets peut être l'ironie théâtrale.

Dramaturgie: art de construire une pièce de théâtre.

Exposition: la ou les premières scènes d'une pièce de théâtre, dont la fonction est de donner les informations nécessaires aux spectateurs pour qu'ils comprennent l'intrigue qui se prépare (relations entre les personnages, présentation de la situation…). L'exposition doit également susciter l'intérêt du spectateur.

Glossaire

Ironie théâtrale (ou dramatique): on parle d'ironie théâtrale lorsque les spectateurs en savent plus qu'un ou plusieurs personnages sur scène. C'est un effet de la double énonciation. On parle plus particulièrement d'ironie tragique lorsque le spectateur sait qu'un personnage prépare sa perte alors qu'il croit agir pour son bien.

Monologue: discours prononcé par un personnage seul en scène qui permet de faire connaître ses pensées aux spectateurs. À ne pas confondre avec la tirade.

Péripétie: événement inattendu qui modifie le cours de l'action.

Réplique: texte prononcé par un personnage à destination d'un ou plusieurs autres personnages.

Scénographie: art d'organiser l'espace scénique; conception du décor et des lumières.

Théâtre dans le théâtre: procédé qui consiste à intégrer dans une pièce de théâtre la représentation d'une autre pièce.

Tirade: longue réplique prononcée par un personnage sans qu'il ne soit interrompu par un autre personnage. À ne pas confondre avec le monologue.

Tragédie: genre théâtral qui met en scène des personnages, en principe supérieurs en raison de leur noblesse ou de la force de leurs passions, attirés malgré eux vers le malheur par une force transcendante (la fatalité, le destin) et dont le sort suscite la pitié et la crainte du spectateur.

Pour obtenir plus d'informations, bénéficier d'offres spéciales enseignants ou nous communiquer vos attentes, renseignez-vous sur **www.collection-classico.com** ou envoyez un courriel à **contact.classico@editions-belin.fr**

Cet ouvrage a été composé par Palimpseste à Paris.

Imprimé en Espagne par Novoprint (Barcelone)
Dépôt légal: août 2010 – N° d'édition: 70115450-06/juillet14